Norman Parrington, Marc Roper · Software-Test — Ziele, Anwendungen, Methoden

DIETMAR BURKARD
PROGRAMMIERER
MÖSLESTRASSE 3L
77839 LICHTENAU
TEL.U.FAX 07227/1885?

Norman Parrington, Marc Roper

Software-Test — Ziele, Anwendungen, Methoden

McGraw-Hill Software Engineering

Hrsg.: Dipl.-Inform. John-Harry Wieken

McGraw-Hill Book Company GmbH

Hamburg · New York · St. Louis · San Francisco · Auckland · Bogotá · Guatemala
Lissabon · London · Madrid · Mailand · Mexiko · Montreal · New Delhi
Paris · San Juan · São Paulo · Singapur · Sydney · Tokio · Toronto

Titel der Originalausgabe:
Understanding Software Testing

© Copyright 1989 by Ellis Horwood Limited

CIP-Titelaufnahme der Deutschen Bibliothek

Parrington, Norman:
Software-Test — Ziele, Anwendungen, Methoden / Norman
Parrington; Marc Roper. — Hamburg; New York [u.a.]:
McGraw-Hill, 1990
  (McGraw-Hill software engineering)
  Einheitssacht.: Understanding software testing <dt.>
  ISBN 3-89028-195-8
NE: Roper, Marc

Der Verlag übernimmt für die Fehlerfreiheit der Programme keine Gewährleistung oder Haftung.
Der Verlag übernimmt keine Gewähr dafür, daß die beschriebenen Verfahren, Programme usw. frei von Schutzrechten Dritter sind.

© Copyright 1991 by McGraw-Hill Book Company GmbH, Hamburg

Alle Rechte vorbehalten. Das Werk einschließlich aller seiner Teile ist urheberrechtlich geschützt. Jede Verwertung außerhalb der engen Grenzen des Urheberrechtsgesetzes ist ohne Zustimmung des Verlages unzulässig und strafbar. Das gilt insbesondere für Vervielfältigungen, Übersetzungen, Mikroverfilmungen und die Einspeicherung und Verarbeitung in elektronischen Systemen.

Umschlaggestaltung: MBB Marketing Beratung GmbH, Birkenau
Übersetzung: Wolfgang Lux, Berlin
Gesamtherstellung: Druckerei Bitsch GmbH, Birkenau

ISBN 3-89028-195-8
Printed in Germany

Inhalt

Vorwort XI

Kapitel 1
Der Vorgang des Testens 1

1.1 Was ist Software-Testen? 1
1.2 Warum sollen wir testen? 2
1.3 Wer soll testen? 4
1.4 Was sollen wir testen? 5
1.5 Wann sollen wir testen? 5
1.6 Wie sollen wir testen? 6

Kapitel 2
Testen und Qualität 9

2.1 Warum ist Qualität so wichtig? 9
2.2 Was ist Qualität? 10
2.3 Wer ist für Qualität verantwortlich? 11
2.4 Das Verhältnis zwischen Testen und Qualität 12
2.5 Qualitätsnormen 13
2.6 Qualitäts-Werkzeuge 13
2.6.1 Qualitätsziele 13
2.6.2 Qualitätsrunden 14
2.6.3 Fehlerverfolgung 15

Kapitel 3
Testen der Anforderungen und Spezifikationen 17

3.1 Anforderungen 17
3.2 Die Rolle des Anwenders 19
3.3 Testen der Anforderungen – Informelle Methoden 20
3.4 Review der Anforderungen 20
3.5 Vollständigkeit und Konsistenz 22
3.5.1 Vollständigkeit 22
3.5.2 Konsistenz 24
3.6 Walkthroughs 26
3.7 Zusammenfassung 27

Kapitel 4
Entwurf von Tests auf der Grundlage der Anforderungen 29

4.1 Einleitung 29
4.2 Das Problem 29
4.3 Die Lösung – Die Anforderungen neu formulieren 29

4.4	Anwendung auf die Fallstudie	30
4.4.1	Die Anforderungen neu formulieren	31
4.4.2	Entwerfen der Testfälle	35
4.5	Zusammenfassung	37

Kapitel 5
Testen in den Entwurfsphasen 39

5.1	Einleitung	39
5.2	Das Problem	39
5.2.1	Ein Blick auf den Entwurfs-Prozeß	41
5.3.1	Testen des Systementwurfs	42
5.3	Die Lösung	41
5.4	Entscheidungstabellen	46
5.5	Anwendung auf die Fallstudie	48
5.6	Zusammenfassung	50

Kapitel 6
Funktionstest 51

6.1	Einleitung	51
6.2	Das Problem	51
6.3	Die Lösung	53
6.3.1	Neu formulieren der Modulspezifikation	53
6.3.2	Definieren von Tests anhand der Modulspezifikation	57
6.4	Weitere Forschungsgebiete	60
6.5	Anwendung auf die Fallstudie	62
6.6	Zusammenfassung	69

Kapitel 7
Tests auf der Grundlage des Programmcodes – Strukturelles Testen 71

7.1	Einleitung	71
7.2	Das Problem	71
7.3	Die Lösung	72
7.4	Weitere Forschungsgebiete	75
7.5	Anwendung auf die Fallstudie	78
7.5.1	Zweigüberdeckung	78
7.5.2	Dynamische Datenflußanalyse	84
7.5.3	Linear Code Sequence and Jump	86
7.6	Zusammenfassung	88

Kapitel 8
Vom Integrations- zum System-Test 89

8.1	Integrations-Test	89
8.2	Treiber und Stümpfe	90
8.3	Integrationsstrategien	92
8.3.1	Die „Urknall"-Methode	92

8.3.2	Die inkrementelle Methode	92
8.3.2.1	Top-down-Integration	93
8.3.2.2	Bottom-up-Integration	94
8.4	Anwendung auf die Fallstudie	94
8.4.1	Top-down-Integration	95
8.4.2	Bottom-up-Integration	96
8.4.3	Zusammenfassung	97
8.5	Validierungs-, Akzeptanz- und Systemtest	97
8.5.1	Valdierungstest	98
8.5.2	Akzeptanztest	98
8.5.3	Systemtest	98

Kapitel 9
Testen in der operationalen Phase – Jetzt zahlt sich der Aufwand aus ... 101

9.1	Einleitung	101
9.2	Testen und konkrete Anwendung	101
9.3	Testen evolutionärer Weiterentwicklungen	102
9.4	Regressionstest	103
9.5	Wartung und Testen	104
9.6	Wartung und Qualität – Fehlerrückverfolgung	105

Anhang: Fallstudie ... 107

Literatur ... 115

Register ... 119

Für:
    Susan, Kathryn und Andrew Parrington
    und Catherine und Caitlin Roper

Vorwort

Ziel des Software Engineering ist es, Qualitätssoftware zu erstellen. Folgende Faktoren wirken sich auf die Qualität der Software aus: formale Spezifikations- und Entwurfsmethoden, Systemanalyse und -entwurfsmethoden, Programmiersprachen und Support-Werkzeuge. Ein entscheidender Faktor für die Qualität sind jedoch Tests – effektive Software-Tests. Viele Lehrbücher des Software Engineering enthalten umfangreiche Abschnitte über das Testen, leiden aber für gewöhnlich unter dem Dilemma, nicht viel mehr als einen Katalog von Techniken zu bieten, ohne Beispiele für eine praktische Anwendung zu geben.

Dieses Buch bezweckt vor allem, Qualität zu erzielen, indem durch den gesamten Software-Lebenszyklus hindurch Tests vorgenommen werden; der größte Teil dieser Arbeit findet dabei bereits in den frühen Phasen der Software-Entwicklung statt. „Traditionelles" Testen begann, wenn der gesamte Code bereits erstellt war. Wir vertreten dagegen den Ansatz, Tests so früh wie möglich durchzuführen; wenn Fehler bereits früh entdeckt werden, lassen sich auch die durch ihre Auswirkungen entstehenden Kosten reduzieren.

Dieses Buch ist nicht als Lehrbuch des Software-Testens für fortgeschrittene Studenten gedacht. Es gibt eine große Zahl von Testtechniken, die wir nicht berücksichtigt haben, und zwar aus dem einfachen Grund, daß wir ihren praktischen Nutzen in Zweifel ziehen. Wir verweisen den interessierten Leser jedoch auf einige Titel aus dem Literaturverzeichnis, wo komplexere und, so möchten wir behaupten, nur Eingeweihten zugängliche Techniken beschrieben werden.

Das Buch ist als Lehrbuch für denjenigen gedacht, der mit dem Erstellen von Software beschäftigt ist und wissen möchte, wie er diese Software effektiv testen kann. Es richtet sich außerdem an Studenten der Informatik und des Software Engineering im Grundstudium, die sich eingehender mit dem Thema Software-Tests befassen möchten. Und schließlich richtet es sich an jenen schwer definierbaren Menschenschlag – den praktizierenden Software-Ingenieur.

Wir danken Brian Meek für seine hilfreichen Kommentare und seine scharfsinnige Begleitung während der gesamten Arbeit an dem Manuskript. Unser Dank gilt außerdem den Mitarbeitern des

Verlags Ellis Horwood Ltd. für ihre Geduld und ihre Unterstützung. In Übereinstimmung mit den in diesem Buch demonstrierten Methoden möchten wir jedoch darauf hinweisen, daß die Verantwortung für alle Fehler oder Versäumnisse allein bei den Autoren liegt.

Norman Parrington

Marc Roper

Kapitel 1
Der Vorgang des Testens

1.1 Was ist Software-Testen?

„Was ist Software-Testen?" ist eine Frage, die sich nicht leicht beantworten läßt. Wenn es im kommerziellen Bereich effektiv durchgeführt wird, verbessert Software-Testen die Qualität der ausgelieferten Software-Produkte, steigert die Zufriedenheit der Anwender und senkt die Wartungskosten. Im Bereich der Wissenschaft resultiert gutes Testen in genaueren und zuverlässigeren Ergebnissen. Fehlendes oder ineffektives Testen führt logischerweise zu den entgegengesetzten Ergebnissen – schlechtere Qualität der Produkte, Unzufriedenheit der Anwender, höhere Wartungskosten, unzuverlässige und ungenaue Ergebnisse.

Da bei der Entwicklung von Software die Person des Entwicklers und die Anwendung von Technologie eng verflochten sind, wäre es zu einfach, Software-Testen als eine bloße Erweiterung der Technologie zu betrachten. So gesehen wäre das Testen von Software nicht viel mehr als die Anwendung rein technischer Verfahren. Mittlerweile ist es jedoch allgemein anerkannt, daß effektives Software-Testen die Zusammenarbeit vieler Bereiche verlangt. Sicherlich spielt Technologie dabei eine Rolle – das Wissen, was Software ist, wie sie arbeitet und in welcher Hinsicht sie versagen kann, ist die Grundlage des Testvorganges. Damit uns klar wird, wie Fehler zustande kommen, wie wir unsere eigenen Fehler entdecken können und wer am besten dazu eingesetzt wird, Software-Fehler zu entdecken, müssen wir Erkenntnisse einsetzen, die aus der Psychologie stammen. Die Mathematik bietet uns einen Einblick in die Möglichkeiten, die Korrektheit von Software zu „beweisen". Mit Hilfe der Wirtschaftswissenschaften müssen wir entscheiden können, wann die Testergebnisse bedeuten, daß die Testphase beendet werden sollte. Nur wenn wir alle diese Disziplinen berücksichtigen, werden wir effektive Tests durchführen können.

Das Testen von Software ist ein aktiver Prozeß. Wenn beim Ausführen eines Tests keine Fehler erkennbar werden, dürfen wir nicht passiv davon ausgehen, daß keine Fehler vorhanden sind – es ist uns einfach nicht gelungen, die in der Software vermuteten Fehler zu finden.

Myers (1979) hat das Testen von Programmen so definiert: „Testen ist der Prozeß, ein Programm mit der Absicht auszuführen, Fehler zu finden."

Dieses Buch will zeigen, wie das in dieser Definition enthaltene Grundprinzip durch den gesamten Lebenszyklus der Software hindurch angewandt werden kann. Um Fehler zu finden, muß man aktiv und energisch nach ihnen forschen und davon ausgehen, daß sie vorhanden sind. Ein guter Software-Tester muß jede Vermutung vermeiden – außer der einen grundlegenden Vermutung, daß in der zu testenden Software Fehler enthalten sind. Jede Vermutung, die man in irgendeinem Stadium des Lebenszyklus unhinterfragt zuläßt, ist eine potentielle Fehlerquelle. Wenn beispielsweise in einer Systemspezifikation ein Abschreib- oder ein typographischer Fehler vorlag, der schließlich zu einer unkorrekten Implementierung führte, so waren hier Vermutungen im Spiel. Der Systemanalytiker, der die Spezifikation nach der Abschrift für das endgültige Pflichtenheft nicht überprüft (getestet) hat, hat nämlich vermutet, daß die Spezifikation bei der Abschrift unverändert geblieben ist. Mit anderen Worten: Wenn wir während des Entwicklungsprozesses alle Vermutungen ausschließen könnten, hätte unsere Software „Null Fehler". Jedes Faktum, jedes technische Detail wäre überprüft worden – wir hätten unser Programm bereits in der Entwicklung getestet. Dies ist der Punkt, an dem sich Software-Testen und Software-Entwicklung überschneiden. Im Software Engineering ist man bestrebt, zunehmend exaktere Methoden im Entwicklungsprozeß anzuwenden, um Fehler bereits an der Quelle zu beseitigen. Software-Testen wird zu einem früheren Zeitpunkt des Lebenszyklus immer wichtiger; es geht darum, Fehler zu entdecken, bevor sie sich tief (und teuer!) in Systemen eingenistet haben. Es ist zu hoffen, daß Software Engineering irgendwann so weit entwickelt sein wird, daß das Software-Testen zu einem integralen Bestandteil dieser Disziplin geworden ist. Ingenieure, die Brücken bauen, brauchen ihre Produkte schließlich auch nicht einem zerstörenden Test zu unterziehen, um die Belastungsgrenze ihrer Konstruktionen vorauszusagen. Bei der Software-Entwicklung ist dies im Augenblick die einzige praktisch anwendbare Methode, die uns zur Verfügung steht.

Solange wir nicht in der Lage sind, die Korrektheit unserer Software mit mathematischen Methoden zu beweisen, empfiehlt es sich, immer davon auszugehen, daß Fehler vorhanden sind. Dies bedeutet, daß wir beim Testen von Software vor einem großen Dilemma stehen. Auf der einen Seite möchten wir sämtliche Fehler beseitigen, weil unser Ziel ein Produkt mit „Null Fehlern" ist. Auf der anderen Seite müssen wir immer damit rechnen, daß in jeder Software, die wir testen, Fehler enthalten sind, die nur darauf warten, entdeckt zu werden.

1.2 Warum sollen wir testen?

Obwohl das Testen von Software eine teure Angelegenheit ist, können die Kosten, die durch das Unterlassen von Tests entstehen, sehr viel höher sein. Bei Systemen, die mit der Sicherheit von Menschen zu tun haben, ist dies selbstverständlich. Niemand käme auf die Idee, Software für ein Autopilot-System in Betrieb zu nehmen, die nicht zuvor äußerst strengen Tests unterzogen wurde. Wie viele Programmierer, die die Tests ihres letzten Projekts zu ihrer Zufriedenheit abgeschlossen haben, wären bereit, sich für die Effektivität ihrer Tests zu verbürgen? Wenn es sich um sogenannte 'lebenswichtige' Systeme handelt, dürfen wirtschaftliche Erwägungen für die Entscheidung, ob ein Produkt für den Kunden freigegeben werden kann, nicht ausschlaggebend sein.

Bei den meisten Systemen sind wirtschaftliche Erwägungen jedoch sowohl die treibende Kraft als auch der begrenzende Faktor beim Testen. Je früher im Verlauf des Lebenszyklus Fehler entdeckt und beseitigt werden, desto niedriger sind die Kosten ihrer Beseitigung. Die schlimmsten Fehler sind die, die beim Testen nicht entdeckt werden und deshalb noch vorhanden sind, wenn das System 'ins Leben hinaustritt'. Bei kommerziell eingesetzten Systemen lassen sich die Kosten von Fehlern oftmals schwer schätzen – bei einem Banksystem beispielsweise können die möglicherweise entstehenden Kosten selbst eines kleinen Software-Fehlers gewaltig sein. Die sich aufgrund nicht zustandegekommener Geschäfte ergebenden Verluste (die möglicherweise nie wettgemacht werden können) sind nicht kalkulierbar.

Angesichts solcher Kosten wird verständlich, warum die Industrie immer größere Summen dafür aufwendet, die Qualität von Software-Systemen zu sichern, bevor sie in der Praxis eingesetzt werden. Es sind allerdings ebenfalls wirtschaftliche Erwägungen, die dem Testen von Software Grenzen setzen. Es ist unmöglich, alles außer dem Allereinfachsten oder dem Allerwichtigsten voll auszutesten. Zwar ist es möglich, die Korrektheit von Software im Hinblick auf ihre Anforderungen mathematisch zu beweisen; dies ist jedoch zu zeitraubend und zu kostspielig und wird deshalb nur erwogen, wenn Menschenleben auf dem Spiel stehen (und oft nicht einmal dann!). Bei normalen Systemen müssen die Tests beendet werden, wenn die Ergebnisse keine wirtschaftlichen Vorteile mehr bringen. Es muß zwar das Ziel jedes Software-Testers sein, sämtliche Fehler zu beseitigen; die Realität sieht jedoch anders aus. Es ist zwar möglich, die in einem System entdeckten Fehler zu zählen; dagegen gibt es keine Möglichkeit, festzustellen, wie viele Fehler unentdeckt geblieben sind. Kein Software-System von Bedeutung würde jemals von seinen Entwicklern freigegeben werden, wenn man von ihnen verlangen würde, zu bescheinigen, das System sei absolut fehlerfrei. Das Testen wird deshalb nur bis zu dem Punkt betrieben, an dem man der Ansicht ist, daß die Kosten eines weiteren Testprozesses durch die Ergebnisse nicht mehr ausreichend gerechtfertigt sind.

1.3 Wer soll testen?

Effektives Testen erfordert vom Tester, die zu prüfende Software streng objektiv zu betrachten. Software-Entwickler, die ihre eigene Software testen sollen, befinden sich deshalb in einer prekären Lage. Umfassendes Testen erfordert, wie bereits erwähnt, eine aktive Fehler-Suche. Fehler sind ein Ergebnis menschlicher Tätigkeit. Und doch neigt fast jeder von uns dazu, eigene Fehler zu verdrängen – und ein Software-Fehler ist ein Fehler des Software-Entwicklers. Einer der meistverbreiteten Verdrängungsmechanismen von Software-Fehlern ist der Begriff, mit dem sie in der Regel bezeichnet werden – „Bug" (Käfer, Wanze). Dieses Wort impliziert, daß der Fehler irgendwie von selbst in die Software hineingeschlüpft und der Software-Entwickler von jeder Verantwortung dafür befreit ist. Wenn wir eine Qualitätssteigerung für die von uns entwickelte Software anstreben, müssen wir akzeptieren, daß wir für diese Qualität verantwortlich sind. Zugleich müssen wir aber auch akzeptieren, daß wir für unsere Fehler verantwortlich sind. Wir müssen unser Denkvermögen so trainieren, daß wir in der Lage sind, objektiv zu überprüfen, zu kritisieren und dabei auch in Kauf zu nehmen, etwas zu zerstören, das wir selbst geschaffen haben. Wenn wir eine unserer eigenen Schöpfungen unter die Lupe nehmen, fällt es uns äußerst schwer, zwischen dem konkreten Produkt und unserer Wahrnehmung dieses Produktes zu unterscheiden. In der Regel nehmen wir unsere eigenen Produkte als korrekt wahr. Die Folge davon ist, daß ein Fehler, den wir irgendwann in der Entwicklungsphase gemacht haben, zu einem Bestandteil unseres Produktes wird. Sind wir einmal von einer irrigen Vermutung ausgegangen, so vermuten wir beim Review oder Test des Produkts wahrscheinlich noch einmal das Gleiche. Wer seine eigene Software erfolgreich testen will, muß bereit sein, jeden Aspekt des Produkts in Frage zu stellen und jeden Impuls zu der Vermutung unterdrücken, daß die vorangegangene Arbeit korrekt war. Das dürfte den meisten von uns sehr schwer fallen: Unser Gedankengang folgt dem schon einmal betretenen Weg – und wir wiederholen den Fehler.

In vielen Firmen hat man eingesehen, daß es sehr schwierig ist, gegen dieses Phänomen anzugehen, und deshalb eine Lösung gewählt, die auf der Hand liegt: die Trennung von Entwicklungs- und Testphasen, indem die Verantwortung für jede dieser Phasen unter verschiedenen Mitarbeitern aufgeteilt wird. Das hat einen zusätzlichen Vorteil. Wenn wir vor der Aufgabe stehen, Software zu testen, die jemand anders entwickelt hat, wird unser beruflicher Ehrgeiz fordern, daß wir erfolgreich sind. Erfolg beim Testen besteht im Entdecken von Fehlern. Wir streben somit danach, alle in der Software vorhandenen Fehler zu entdecken. Mit anderen Worten: Unser Ego ist in einer sehr positiven Weise in den Testprozeß einbezogen; dies wäre praktisch unmöglich, wenn wir unsere eigene Software testen würden. Dieses Vorgehen orientiert sich an den Ideen Weinbergs (1971), der fordert, daß Programmieren möglichst eine Gruppentätigkeit sein sollte, die vom individuellen Ego losgelöst ist. Die Gruppe oder das Team als Ganzes sind für die Qualität ihrer Programme verantwortlich. Die einzelnen Mitglieder des Teams können ihre Kritik an dem Produkt dann frei heraus äußern, weil sie sicher sein können, daß sich niemand persönlich angegriffen fühlt.

1.4 Was sollen wir testen?

Im Mittelpunkt des traditionellen Software-Testens stand das Testen des Programmcodes. In dieser Phase läßt sich sicherlich – für die ausgeführten Testfälle – feststellen, ob korrekte Eingaben in korrekte Ausgaben umgewandelt werden, ob Ausnahmen korrekt gehandhabt werden und ob die Software die in der Spezifikation enthaltenen Funktionen korrekt ausführt. Fehler werden jedoch nicht nur beim abschließenden Codieren des Programmes gemacht, sondern können im gesamten Lebenszyklus der Systementwicklung auftreten. Wenn nur getestet wird, nachdem die Codierphase beendet ist, können Fehler, die bereits in der Phase der Anforderungsanalyse unterlaufen sind, bereits tief in der Software verwurzelt sein. Wenn Tests lediglich in diesem späten Stadium durchgeführt werden, wird die Fehlerbeseitigung um so teurer sein, je früher im Lebenszyklus der ursprüngliche Fehler gemacht wurde. In den letzten Jahren hat sich deshalb der Schwerpunkt darauf verlagert, Fehler möglichst nahe an ihrer Quelle zu finden. Dies bedeutet, daß in jeder Phase des Lebenszyklus Tests ausgeführt werden, unabhängig davon, wie das Produkt in dieser Phase aussieht – ob es eine Auflistung der Anforderungen ist, eine Spezifikation oder irgendein anderes Dokument. Es wird dabei angestrebt, ein voll ausgetestetes Produkt in die nächste Phase einzubringen.

1.5 Wann sollen wir testen?

Aus den oben dargelegten Gründen sollte wirtschaftliches Testen danach streben, Fehler möglichst nahe an ihren Ursprüngen zu beseitigen. Daraus folgt, daß Testen ein kontinuierlicher Prozeß im gesamten Lebenszyklus sein muß. Methodisches Testen kann jedesmal dann ausgeführt werden, wenn ein Produkt ein neues Stadium der Verfeinerung erreicht. Wirkliches Software Engineering erfordert mehr als das. Der Software-Ingenieur sollte während der

Entwicklung informelle Tests ausführen, indem er jede Operation genau und kritisch überprüft. Vermutungen sollten ausgeschlossen und durch überprüfte Fakten ersetzt werden. Wenn ein Fehler entdeckt wird, sollte er zu seinem Ursprung zurückverfolgt werden; Prozeduren sollten gegebenenfalls geändert werden, um zu verhindern, daß der Fehler erneut auftaucht. Bei dieser Kombination von methodischem und informellem Testen geht es darum, eine Vorgehensweise zu entwickeln, die nicht nur auf das frühe Erkennen von Fehlern, sondern auf ihre Vermeidung gerichtet ist. Schließlich ist die wirtschaftlichste Methode der Software-Erstellung die, es gleich beim ersten Mal richtig zu machen! Dadurch entfällt das teure Geschäft, frühere Fehler auszubügeln, völlig.

1.6 Wie sollen wir testen?

In diesem Buch wird beschrieben, wie das Testen ein integraler Bestandteil des Entwicklungsprozesses wird, also in allen Phasen der Entwicklung eine Rolle spielen sollte. Es sollte keine neue Phase

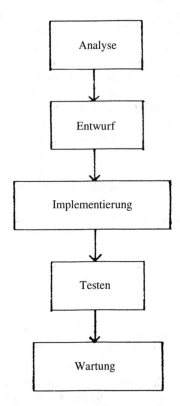

Abb. 1 Der Lebenszyklus der Software-Entwicklung

begonnen werden, solange nicht die Ergebnisse der vorhergehenden Phase getestet worden sind. Wie sehen diese Phasen aus? Abb. 1 zeigt einen typischen System-Lebenszyklus. Für viele Systeme mag Abb. 1 übertrieben differenziert sein — einfache Systeme benötigen oft keine derart formale Unterteilung in einzelne Phasen. Dennoch werden die in dem Diagramm dargestellten Tätigkeiten bei der Konstruktion praktisch aller Systeme mehr oder weniger formal ausgeführt.

Die einzelnen Kapitel dieses Buches folgen dem Konzept dieses Lebenszyklus; wir werden zeigen, wie sich das Testen in jeder der Phasen in den Zusammenhang einer allgemeinen Entwicklungsstrategie einbeziehen läßt.

Kapitel 2
Testen und Qualität

2.1 Warum ist Qualität so wichtig?

Beim Testen sind wir bestrebt, die Qualität des getesteten Produktes zu verbessern. Dies geschieht, indem wir Fehler finden und beseitigen, deren Vorhandensein die Funktionsfähigkeit oder Korrektheit des Produkts und damit seine Qualität beeinträchtigen würden.

Früher hielt man das Erstellen von Software für eine Tätigkeit, die sich von anderen Bereichen der industriellen Fertigung unterschied und ihren eigenen Regeln folgte. Jedes Software-Produkt wurde als einzigartig betrachtet, als „maßgeschneidertes" Produkt, das quasi in Handarbeit hergestellt werden mußte. Vergleichbar ist dies der Situation, als Henry Ford seine Fließband-Techniken in die Automobil-Industrie einführte. Die Konkurrenten betrachteten die neuen Methoden zunächst mit Mißtrauen; sie fanden jeden erdenklichen Grund, warum sie sie in der eigenen Produktionsumgebung weder anwenden konnten noch anwenden sollten. Die gebräuchlichste Begründung war die, daß ihr Auto besser war, weil es ein manuell hergestelltes und gleichsam nach Maß gefertigtes Produkt war. Binnen kurzem florierte Fords Firma, weil sie sich die neuen Techniken zunutze machte. Die Konkurrenten waren gezwungen, sich auf die veränderte Lage einzustellen. Taten sie es nicht, mußten sie feststellen, daß ihre Produkte nicht mehr wettbewerbsfähig waren. Mit dem Aufkommen der Techniken der Massenproduktion wurde offensichtlich, daß es möglich war, die Qualität der in traditioneller Weise gefertigten Produkte zu erreichen und sogar noch zu übertreffen. Die Firmen, die die neuen Techniken nicht übernahmen, machten bankrott oder wurden von erfolgreicheren Konzernen aufgekauft. Die einzigen Hersteller, die sich auch mit traditionellen Methoden auf dem Markt behaupten, sind diejenigen, die ein tatsächlich maßgeschneidertes Produkt anbieten. Ihre Kunden sind gewillt, einen beträchtlichen Aufpreis für den Vorteil zu zahlen, Besitzer eines manuell gefertigten Autos zu sein, das nach ihren individuellen Bedürfnissen konstruiert wurde.

In der Software-Industrie sind wir an einem ähnlichen Scheideweg angelangt wie seinerzeit die Automobilindustrie, als Ford seine neuen Methoden einführte. Es ist heute allgemein anerkannt, daß ein Großteil der Techniken und Verfahren, die im Ingenieurswesen und der Produktion verwendet werden, sich auch bei der Entwicklung von Software erfolgreich anwenden lassen. Diese neuen Techniken des Software Engineering werden von aufgeschlosseneren Firmen bereits eingeführt. Die anderen finden Gründe, warum sie ihre traditionellen Produktionsmethoden beibehalten sollten. Man kann sich unschwer ausmalen, daß das Ergebnis nicht wesentlich anders als in der Autoindustrie aussehen wird.

Eine der wesentlichen Antriebskräfte der modernen Fabrikationstechnik ist das ständige Bestreben, die Qualität der Produkte zu verbessern. Ein zunehmend weltweiter Wettbewerb in fast allen Bereichen und Märkten gestattet dem Konsumenten eine größere Auswahl aus im Preis miteinander konkurrierenden Produkten. In Anbetracht dieser Wahlmöglichkeit kauft der Konsument die Produkte, die er für effizienter und zuverlässiger als die Konkurrenzprodukte hält. Als Reaktion darauf haben die Hersteller zunehmend den Schwerpunkt darauf gelegt, die Qualität ihrer Produkte zu verbessern. Viele der Ideen hinter diesem Bestreben zur Qualitätsverbesserung sind universell. Sie lassen sich in gleicher Weise auf die Produktion von Fischstäbchen, Autos und Computer-Software anwenden.

2.2 Was ist Qualität?

Auf die Aufforderung, „Qualität" zu definieren, reagieren die meisten Menschen mit einer Definition, die sich auf die Eigenschaften von Produkten und ihre „besonderen Vorzüge" oder ähnlich schwammige Begriffe bezieht. Wenn man jedoch für das Testen oder Beurteilen der Qualität eines Produktes verantwortlich ist, sind solche vagen Definitionen ziemlich nutzlos. Was wir benötigen, ist eine Definition, die es dem Tester erlaubt, zumindest folgende Frage zu beantworten: „Besitzt dieses Produkt tatsächlich Eigenschaften, die es zu einem Qualitätsprodukt machen?" Noch besser wäre es, wenn wir messen könnten, in welchem Grad ein Produkt solche Eigenschaften aufweist.

Verschiedene Definitionen können die obigen Kriterien erfüllen. Sie alle haben eines gemeinsam: Sie setzen das fertige Produkt in Relation zu den ursprünglichen Design-Absichten. Solche Definitionen sind z.B.:

Qualität ist ... Eignung für den Zweck
Qualität ist ... Erfüllung der Anforderungen
Qualität ist ... Übereinstimmung mit den Anforderungen

In diesem Kapitel entscheiden wir uns für die letzte der drei Definitionen; sie stammt von Crosby (1979). Die folgenden Ausführungen gelten für jede dieser Definitionen. Wenn wir unter Qualität die Übereinstimmung mit den Anforderungen verstehen, liegt das Hauptgewicht jedoch auf der korrekten Definition der Anforderungen. Jede Anforderung muß in meßbaren Kategorien ausgedrückt werden. Auf diese Weise läßt sich die Qualität des Produkts daran messen, inwieweit es die in den Anforderungen spezifizierten Aufgaben ausführen kann.

Kehren wir zu unser Analogie des manuell gefertigten Autos und seines am Fließband hergestellten Gegenstücks zurück. Wenn wir von unserer Qualitätsdefinition ausgehen, läßt sich kein absolutes Urteil fällen. Obwohl das manuell gefertigte Auto das Zehnfache eines in Massenproduktien hergestellten Modells gekostet haben mag, kann es von schlechterer Qualität sein! Da wir unter Qualität die Übereinstimmung mit den Anforderungen verstehen, hängt der Grad der Qualität eines Wagens von den Anforderungen des jeweiligen Benutzers ab. Angenommen, der Benutzer legt Wert auf niedrige Wartungskosten, billige Ersatzteile und wirtschaftlichen Kraftstoffverbrauch. In diesem Fall wird ein seriell gefertiges Auto diese Anforderungen wahrscheinlich eher erfüllen − mithin ist es ein Qualitätsprodukt. Wenn sich aus den Anforderungen jedoch ergibt, daß das Vehikel ein unübersehbares Symbol für Status und Reichtum seines Besitzers sein soll, entspricht das manuell hergestellte Gefährt wahrscheinlich eher den Anforderungen dieses Benutzers und wird deshalb als Qualitätsprodukt betrachtet. Sollte einer der beiden Wagen den Anforderungen nicht gerecht werden − das seriell gefertigte Auto erweist sich z.B. als zu teuer in der Haltung, oder das Einzelstück erweckt doch nicht den erwarteten Eindruck − heißt dies selbstverständlich, daß von einem Qualitätsprodukt nicht mehr die Rede sein kann, da es den Anforderungen nicht entspricht.

2.3 Wer ist für Qualität verantwortlich?

Viele Firmen betrachten die Verbesserung der Produktqualität schon seit langem als eines ihrer Hauptziele. Traditionell ging man das Qualitätsproblem mit Hilfe einer unabhängigen Abteilung für Qualitätssicherung an, die die Aufgabe hatte, Qualitätsnormen festzulegen und ihre Einhaltung durchzusetzen. In verschiedenen Phasen der Produktion wurden Stichproben zur Qualitätskontrolle durchgeführt. Der Schwerpunkt lag dabei auf der Fehlersuche; die Abteilung für Qualitätssicherung war eine Art Polizei, die die Tätigkeit der Produktionsabteilungen überwachte.

In den letzten Jahren setzt sich mehr und mehr die Erkenntnis durch, daß das Problem der Qualität aus einem viel größeren Blickwinkel betrachtet werden kann. Dieser neue Blickwinkel entsteht aus den Erfahrungen von Vorreiterfirmen in den USA und in Japan, Ländern also, in denen das Streben nach Produkten von hervorragender Qualität ein Hauptfaktor bei der Entwicklung zu einer der führenden Industrienationen war. Die traditionellen Methoden zur Qualitätssicherung trennten die Verantwortung für die Qualität eines Produktes von der Verantwortung für seine Herstellung. Die neuen Methoden zählen auf die aktive Mitwirkung aller Mitarbeiter bei der Verbesserung der Produktqualität. Das Ziel ist, die einzelnen Arbeiter nicht nur für die Qualität der von ihnen produzierten Produkte verantwortlich zu machen, sondern sie auch aktiv in die Bemühungen um eine Verbesserung der Produktionsmethoden einzubeziehen. Dies führt wiederum zu einer Verbesserung der Qualität. Der Schwerpunkt verlagert sich von der Fehlersuche zur Fehlervermeidung. Wie bereits erwähnt, ist die wirtschaftlichste Produktionsmethode, gleich beim ersten Mal alles richtig zu machen; die Korrektur jedes Fehlers kostet Zeit und Geld. Wenn dem Kunden ein Produkt geliefert werden kann, das keine Mängel aufweist (d.h., ein Produkt, das den Anforderungen entspricht), ist der Kunde zufrieden, und auch der Hersteller profitiert davon; nicht nur, weil sich sein Ruf verbessert, sondern auch, weil keine Ressourcen benötigt werden, um das Produkt in den Aspekten zu überarbeiten, die beim ersten Mal nicht korrekt ausgeführt wurden. Wie Crosby es formulierte: „Qualität ist kostenlos ... was Geld kostet, ist schlechte Qualität − sind all die Schritte, die notwendig werden, wenn eine Arbeit nicht gleich beim ersten Mal richtig gemacht wurde."

Jeder Mitarbeiter einer Firma sollte in die Verbesserung der Qualität einbezogen werden. Dennoch nimmt die Abteilung für Qualitätssicherung nach wie vor eine wesentliche Position innerhalb einer solchen Firma ein. Qualität muß, wie jede andere wertvolle Ressource, verwaltet werden. Konzepte zur Qualitätsverbesserung müssen entwickelt werden. Die Mitarbeiter sollten ein ständiges Feedback über die Qualität ihrer Arbeit erhalten. Fehler sollten bis zu ihrem Ursprung verfolgt werden, und Produktionsmethoden sollten geändert werden, um zu verhindern, daß solche Fehler erneut auftreten. Die Abteilung für Qualitätssicherung sollte für all diese Aufgaben verantwortlich sein.

2.4 Das Verhältnis zwischen Testen und Qualität

Der Prozeß des Testens ist ein integraler Bestandteil jedes Qualitätsprogramms. Um sicherzustellen, daß ein Produkt − in einer beliebigen Phase seines Lebenszyklus − den Anforderungen entspricht, muß es vor dem Hintergrund dieser Anforderungen getestet werden. Da wir messen möchten, in welchem Grad ein Produkt seinen Anforderungen entspricht, müssen die Anforderungen nicht nur klar definiert, sondern auch testfähig sein. In Kapitel 3 dieses

Buches wird ein Rahmen entworfen, der aufzeigt, wie Anforderungen formuliert werden müssen, damit sie Tests unterzogen werden können. Wenn wir bei der Produktentwicklung vom Kriterium der „Qualität" ausgehen, beinhaltet dies jedoch weitaus mehr. Wir suchen nicht nur aktiv nach Fehlern in unseren Produkten, sondern wir bemühen uns auch, Fehler zu vermeiden. Es wurde bereits dargelegt, warum es wichtig ist, Fehler möglichst nah an ihrem Ursprung zu beseitigen. Die Schlußfolgerung aus diesem Grundsatz liegt auf der Hand: Noch besser ist es, von Anfang an Fehler erst gar nicht aufkommen zu lassen. Wenn das Bemühen, Fehlern vorzubeugen, bei allen Arbeiten im Vordergrund steht, wenn Vermutungen von vornherein ausgeschlossen werden können, wenn in jeder Arbeitsstufe Tests ausgeführt werden, dann wird das Ergebnis ein Qualitätsprodukt sein.

2.5 Qualitätsnormen

In der Software-Industrie haben wir das Stadium erreicht, daß nationale Norminstitute Software-Normen festlegen. Hersteller, die sich nach diesen Normen richten, erhalten für ihr Produkt ein Zertifikat. Neben dem Testen anhand der Anforderungen wird es deshalb zunehmend üblich werden, daß Hersteller ihre Produkte auch im Hinblick auf extern definierte Qualitätsnormen überprüfen.

2.6 Qualitäts-Werkzeuge

2.6.1 Qualitätsziele

Die Forschung ist zu dem Ergebnis gekommen, daß Software-Entwickler in der Regel stark zielorientierte Menschen sind (Cougar und Zawacki 1980). Solche Mitarbeiter sind dadurch motiviert, daß sie Ziele anstreben, die ihren ganzen Einsatz erfordern. Ein kompetenter Manager kann diese Eigenschaft zum großen Vorteil nutzen, wenn er beispielsweise Techniken der gemeinsamen Zielsetzung benutzt und sich mit den Mitarbeitern in regelmäßigen Abständen über die Leistungsziele einigt. Bei der Festlegung der Ziele muß auch die Qualität der zu entwickelnden Software berücksichtigt werden. Unvorsichtigen droht hier jedoch eine Falle. Crosby erklärt, daß es bei der Produktentwicklung nur ein sinnvolles Qualitätsziel gibt – Null Fehler. Einem Software-Entwickler ein Ziel vorzugeben, das weniger strikt ist, bedeutet, stillschweigend der Ansicht beizupflichten, daß Fehler in einem Produkt in Kauf genommen werden müssen und daß das Beste, was man erwarten kann, eine Verringerung der Fehlerzahl etwa im Vergleich zu einem früheren Produkt ist. Hier kommen wir natürlich auf das im ersten Kapitel angesprochene Testdilemma zurück. Wir müssen bestrebt sein, ein Produkt zu erstellen, das keine Fehler aufweist; wenn wir dieses Produkt testen, müssen wir dennoch davon ausgehen, daß Fehler vorhanden sind, und nach ihnen suchen! Deshalb muß der Manager bei der Festlegung von Zielen darauf achten, die Bedeutung der Qualität besonders hervorzuheben. Wenn man die Produktivität steigern will, ist es beispielsweise einfach, einen höheren Ausstoß zu Lasten der Qualität zu erreichen. Wenn es nicht auf Qualität ankommt, ist es kein Problem, mehr zu produzieren. Dennoch erhält man dadurch keinen realen Produktivitätszuwachs – das Ergebnis von Pfuscherei sind Produkte, die den gestellten Anforderungen nicht entsprechen und die (oftmals kostspielig!) überarbeitet werden müssen. Die Kunden verlieren in solchen Fällen das Vertrauen in den Hersteller und verweigern vielleicht die Kooperation oder gehen sogar mit dem nächsten Entwicklungsauftrag zur Konkurrenz.

2.6.2 Qualitätsrunden

Wie bereits erörtert, haben Qualitätsprogramme das Ziel, alle an der Fertigung beteiligten Mitarbeiter in die Bemühungen zur Verbesserung der Produktqualität einzubeziehen. Zu diesem Zweck wurden in vielen Industriezweigen in der ganzen Welt sogenannte Qualitätsrunden eingerichtet. Die Idee stammt aus den USA und wurde von den Japanern „importiert" und weiter ausgebaut. Eine Qualitätsrunde ist ein freiwilliges, demokratisches, strukturiertes Treffen der Mitarbeiter, die in einer Firma für die Verbesserung der Qualität verantwortlich sind. Bei jedem Treffen einigen sich die Beteiligten auf ein Diskussionsthema; die Themen werden von den Mitgliedern des Kreises vorgeschlagen. Jedes Thema, das mit der Qualität der Arbeit innerhalb der Firma zusammenhängt, kann genannt werden. Die Diskussion läuft streng zirkulär ab, bis ein Konsens erreicht ist. Alle Meinungen in dieser Runde haben das gleiche Gewicht. Obgleich Angehörige des Managements an der Runde teilnehmen können, gelten auch ihre Ansichten nicht mehr und nicht weniger als die der anderen Teilnehmer. Das Management verpflichtet sich dazu, die Empfehlungen der Qualitätsrunde, wo immer dies möglich ist, in die Praxis umzusetzen. Qualitätsrunden haben sich in der Auto- und der Elektronik-Industrie und zunehmend auch in Dienstleistungsbereichen sehr bewährt. In der Computerindustrie wurden sie in den Bereichen der Hardware-Fertigung angewandt, und gegenwärtig werden sie auch in der Software-Entwicklung eingeführt.

Einer der größten Vorteile dieser Einrichtung der Qualitätsrunde ist, daß sie die Rolle des einzelnen Arbeiters für eine Verbes-

serung der Produktqualität anerkennt. Oft haben die Menschen, die
die Arbeit ausführen, konkretere Vorstellungen über Fragen der
Qualitätsverbesserung als ihre Vorgesetzten, deren Arbeit nicht
selten fernab vom Produktionsbetrieb stattfindet. Die Qualitätsrunde ist ein Forum, in das die tatsächlichen Experten des Produktionsprozesses, die Produzenten, ihren Sachverstand einbringen
können, damit der Prozeß selbst verbessert und weiterentwickelt wird.

2.6.3 Fehlerverfolgung

Fehlerverfolgung ist eine Technik, bei der sich die Aktivitäten auf
das Vermeiden von Fehlern konzentrieren, statt lediglich einzuschreiten, „wenn das Kind schon in den Brunnen gefallen ist". Jeder Fehler, der in einem Produkt entdeckt wird, wird zu seinem
Ursprung zurückverfolgt. Wie und warum ist der Fehler entstanden? Wenn man festgestellt hat, warum der Fehler aufgetreten ist,
werden Schritte unternommen, um Fehler zu vermeiden, die die
gleichen Ursachen haben. Für die Software-Entwicklung bedeutet
dies, daß möglicherweise Entwicklungsmethoden, Herstellungsverfahren, technische Handbücher oder die Mitarbeiterschulung
geändert werden müssen. Jeder einzelne Produktfehler würde so
zurückverfolgt werden. Die Verfahren würden verfeinert; das Ergebnis wäre zwangsläufig, daß weniger Fehler auftreten, weniger
Zeit mit der Fehlersuche und -korrektur verbracht und mehr Zeit
für die Produktentwicklung verfügbar würde.

Kapitel 3
Testen der Anforderungen und Spezifikationen

3.1 Anforderungen

Wenn man Crosbys Definition (Crosby 1977) der Qualität, „Übereinstimmung mit den Anforderungen" zugrunde legt, wird sofort deutlich, wie wichtig die Anforderungsdefinition beim Testen eines Produktes ist. Ob das Produkt gelungen ist, wird letztendlich anhand dieser Anforderungen beurteilt. Sollen diese Tests effektiv sein, so müssen alle in dieser Phase festgehaltenen Anforderungen konsistent, durchführbar und testfähig sein. Deshalb ist es notwendig, die Anforderungen selbst eingehend zu testen.

Es wurde behauptet, daß ein Fehler in der Anforderungsdefinition eines Softwareprodukts die zwanzigfachen Kosten verursacht wie die Beseitigung eines Fehlers, der beim Codieren desselben Produkts aufgetreten ist (Glass 1979). Dennoch wurde meistens mehr Mühe darauf verwendet, Fehler aus der Codierphase als solche aus den früheren und strategisch wichtigeren Phasen zu beseitigen. Über das Testen von Programmen existieren weitaus mehr Veröffentlichungen als über das Testen von Anforderungen. Warum ist das so? Einfach ausgedrückt: Ein Programm läßt sich leichter testen. Ein Programm – als semiformale Lösung eines Problems – läßt sich verschiedenen mehr oder weniger formalen Testtechniken unterziehen. Die Anforderungsanalyse zu formalisieren, ist eine vergleichsweise neue Entwicklung (Jones 1986, Abrial 1982). Diese neuen, formalen Methoden (exakte, mathematische Designmethoden) sollen die Zahl der Fehler, die als Folge der Mehrdeutigkeit und der Unangemessenheit der natürlichen Sprache für die Spezifizierung von Anforderungen auftreten, drastisch senken. Diese Methoden mögen zwar außerordentlich nützlich sein, können aber nicht alle Probleme aus dem Weg räumen. Zu diesen Problemen gehört beispielsweise, die Anforderungen erst einmal zu erfassen, sie formal auszudrücken und weiter zu bearbeiten. Die letzte Hürde besteht darin, sie in die nächste Phase des Lebenszyklus zu übernehmen. Die Nahtstellen zwischen den einzelnen Phasen können ungefähr wie beim Spiel „Stille Post" funktionieren. Jemand empfängt eine Nachricht und weiß ganz genau, was er gehört hat; er reproduziert diese Nachricht, ohne sie zu verdrehen, und gibt sie an den nächsten weiter (wieder im Glauben, daß er sie genau und unverfälscht übermittelt). Dennoch hat die Nachricht, die zum Urheber zurückgeht, oft wenig Ähnlichkeit mit der ursprünglichen Form. Das vielleicht bekannteste Beispiel dafür ist die Anekdote aus dem Ersten Weltkrieg, in der die Nachricht „Going to advance, send reinforcements" als „Going to a dance, send three and fourpence" mißinterpretiert wurde. Auf ähnliche Art und Weise kann sich ein fertiges System von seiner ursprünglichen Spezifikation unterscheiden.

Als Beispiel mag die Anforderung für ein (imaginäres) System dienen, die besagt: „Alle 30 Sekunden sollen die Werte aller Überwachungssonden abgelesen werden; wenn die Abweichung 0,25 überschreitet, soll die Normalisierungsprozedur ausgeführt werden, anschließend soll die Standardabweichung an das Analysepaket weitergegeben werden." Diese Anforderung wird in den Systementwurf aufgenommen: Die Standardabweichung wird an das Analysepaket jedesmal dann weitergegeben, wenn die Abweichung größer als 0,25 ist; dies ist ja offenkundig gemeint, und niemand würde es anders interpretieren. Das System wird codiert, und die einzelnen Module werden getestet. Alles scheint reibungslos zu funktionieren, und man sieht dem Akzeptanz-Test mit Zuversicht entgegen. Als die Benutzer jedoch bestimmte Daten in das System eingeben, bringt es Ergebnisse hervor, die sich von den erwarteten Resultaten unterscheiden. Nach einer eingehenden, zeitraubenden Überprüfung wird der Fehler darauf zurückgeführt, daß nur eine Untermenge der Standardabweichungen an das Analysepaket weitergegeben wird. Weitere Untersuchungen ergeben, daß es nur jene Standardabweichungen sind, die den Wert 0,25 überschreiten. Schließlich wird das Stück Code gefunden, und die entsprechenden Ergänzungen werden eingefügt. Selbstverständlich hätte jede Standardabweichung an das Analysepaket weitergegeben werden müssen. Deshalb hatte der Systemanalytiker ja das Komma dort gesetzt – es war nicht zu übersehen – niemand konnte es falsch interpretieren!

Dieses Beispiel soll nur zur Illustration dienen; ähnliche Fälle können jederzeit auftreten. Sicherlich würde niemand eine Anforderung so mißverständlich ausdrücken, oder? Ein weiterer Faktor wird hier deutlich. Man stelle sich vor, wie lange es dauern würde, wenn jemand diesen Fehler lediglich aufgrund falscher Ergebnisse zurückverfolgen würde. Er müßte entscheiden, was eigentlich gemeint war, den Code berichtigen, rekompehilieren und das Modul testen, alle entsprechenden Stellen in der Dokumentation verbessern und schließlich alles wieder in das Gesamtsystem integrieren; dies wäre mit der Zeit zu vergleichen, die es dauern würde, die Anforderung so zu präzisieren, daß sie eindeutig ist. Dies ist nur ein kleines Beispiel; man kann sich unschwer vorstellen, wie mehrere Schnitzer dieser Art zusammenkommen und eine größere Anzahl weniger leicht erkennbarer Fehler verursachen können. Zugleich wird deutlich, warum, wie wir bereits dargelegt haben, die Kosten für Fehlerkorrekturen um so größer sind, je später im Lebenszyklus die Fehler entdeckt werden.

Die meisten Firmen verlassen sich noch auf das Können ihrer Systemanalytiker, um die Qualität der Anforderung sicherzustellen. Eine der wichtigsten und begrüßenswertesten Entwicklungen der letzten Jahre ist jedoch, daß die Rolle des wichtigsten Alliierten des Systemanalytikers im Testprozeß − des Anwenders − immer wichtiger wird.

3.2 Die Rolle des Anwenders

In der „schlechten alten Zeit" bestand, wenn es sich nicht gerade um eine der wenigen aufgeschlosseneren Firmen handelte, eine strikte Trennung zwischen der Computer-Abteilung und den Abteilungen, denen sie zu dienen hatte. Die „Computerfachleute" waren von einer mystischen Aura umgeben, die sich noch durch ihre Unfähigkeit verstärkte, anders als in einem völlig unverständlichen Jargon zu reden. Ein Systemanalytiker fragte einen Anwender aus und machte sich dann seine (des Systemanalytikers!) Vorstellung von den Anforderungen an das geplante System. Die Maschinerie wurde in Gang gesetzt, bis das Produkt einem verwirrten Anwender geliefert wurde, der oftmals feststellte, daß das System in technischer Hinsicht zwar intakt war, seine (des Anwenders!) Anforderungen jedoch in keiner Weise erfüllte. Kein einziger Programmtest könnte den Kardinalfehler dieses Systems aufdecken − die mangelnde Kommunikation zwischen Anwender und Entwickler.

Die obige Schilderung ist selbstverständlich eine Karikatur. Dennoch bestand tatsächlich eine Kluft zwischen der Computerbranche und den Anwendern. In den letzten Jahren ist man sich zunehmend bewußt geworden, wie wichtig die Mitwirkung des Anwenders im Prozeß der Software-Entwicklung ist. Dem Anwender wird nun nicht nur in den ersten Phasen eines Software-Projektes, dem „Sammeln der Anforderungen", eine wesentliche Rolle zugebilligt, sondern bei der gesamten Entwicklung der Software. Die Anwender werden aktiv ermutigt, an der Software-Entwicklung teilzunehmen; ihre Ansichten werden eingehend geprüft (und berücksichtigt!), wann immer das möglich ist. Dies kann auf verschiedene Arten erreicht werden. Viele Techniken der strukturierten Systemanalyse beinhalten formale Anwender-Feedback-Mechanismen, mit deren Hilfe der Anwender in verschiedenen Phasen des Lebenszyklus in ein „Progress Review" einbezogen wird, damit er beurteilt, inwieweit ein Projekt mit seinen ursprünglichen Zielen übereinstimmt.

Auch Techniken wie die vielleicht weniger formale Prototyp-Entwicklung können benutzt werden, um den Anwender stärker an der Entwicklung zu beteiligen. Wenn der Benutzer an der Überprüfung des Prototyps beteiligt wird, kann der Software-Entwickler die Konsistenz und Vollständigkeit des Produktes besser beurteilen. Gleichzeitig profitiert der Entwickler von der Erfahrung des Anwenders, die der allgemeinen Verbesserung der Software zugute kommt. Der Anwender wiederum hat nicht allein den Vorteil, daß er ein sorgfältiger erstelltes Produkt erhält, sondern auch, daß er einen direkten Einfluß auf den Entstehungsprozeß des Produktes hat. Wenn wir den Anwender in den früheren Phasen stärker einbeziehen, steigern wir damit wahrscheinlich auch seine Kooperationsbereitschaft in den entscheidenden späteren Phasen des realen Einsatzes in der Anwendungsumgebung.

3.3 Testen der Anforderungen – Informelle Methoden

Nachdem der Systemanalytiker seine Untersuchungen mit Hilfe des Anwenders durchgeführt hat, ist er in der Lage, eine erste Anforderungsdefinition zu „liefern". Diese muß, wie alles andere im Prozeß der Software-Erstellung, auch getestet werden. Einhergehend mit der Einführung strukturierter und formaler Analysemethoden haben sich neue, formalere Testmethoden herausgebildet. Wir müssen uns hier auf Tests konzentrieren, die für jeden verfügbar sind, der traditionelle Analysetechniken benutzt.

3.4 Review der Anforderungen

Wenn eine Anforderungsdefinition einem Review unterzogen wird, müssen die Teilnehmer ständig im Hinterkopf behalten, daß der Zweck des Ganzen in der Präzisierung der Beschreibung der Anforderung liegt. Der Systemanalytiker muß beim Review seiner Arbeit objektiv sein können. Für viele von uns ist das ein schwieriges Problem. Wenn wir etwas geschaffen haben, entwickeln wir einen natürlichen Instinkt, es zu schützen. Schlimmstenfalls empfinden wir Kritik als Bedrohung, der wir uns um jeden Preis widersetzen; wir betrachten die Motive desjenigen, der die Kühnheit besitzt, unsere Arbeit in Zweifel zu ziehen oder gar zu kritisieren, mit Argwohn. Bestenfalls rechtfertigen wir uns, indem wir uns selbst (und anderen) z.B. versichern: „All diese Fakten standen mir nicht zur Verfügung" oder „Der Anwender gab MIR genau die gegenteilige Information". Wenn ein Review sinnvoll sein soll, müssen alle Beteiligten ein klares, primäres Ziel haben: die Verbesserung des Produkts. Anforderungsdefinitionen sollten zwei verschiedenen, sich allerdings gegenseitig ergänzenden Reviewformen unterzogen werden.

Als erstes sollte das Produkt des Systemanalytikers von anderen Systemanalytikern überprüft werden. Dieses „Peer-Review" hat den Zweck, die Definition auf Vollständigkeit, Anwendungsbereich, Konsistenz und Testfähigkeit zu überprüfen. Die zweite Form des Reviews ist das Anwender-Review, bei dem der Systemanalytiker dem zukünftigen Anwender des Systems das Ergebnis seiner Arbeit vorlegt. Um später möglicherweise auftretenden Problemen vorzubeugen, sollte der Systemanalytiker alle potentiellen Benutzerklassen des geplanten Systems genau beschreiben. Primäre, sekundäre und tertiäre Benutzer sollten möglichst immer an den Reviews teilnehmen. Die Unterteilung in diese drei Kategorien stammt von Clarke und Prins (1986); sie unterscheiden danach, wie das System benutzt wird. Ein primärer Benutzer ist der Benutzer, für den das Produkt in Auftrag gegeben wurde; primärer Benutzer eines Lohnbuchhaltungssystems wäre z.B. die Lohnbuchhaltung. Sekundäre Benutzer gehören zur gleichen Firma wie primäre Benutzer; es sind diejenigen Benutzer, die Zugang zu den Daten der primären Benutzer haben. Bei dem Lohnbuchhaltungssystem könnte dies beispielsweise die Personalabteilung sein, die Zugang zu Zeitmeßdaten haben möchte, um die Arbeitsleistung einzelner Mitarbeiter zu überwachen. Eine solche Zugriffsmöglichkeit muß eingeplant und bereits in der Anforderungsdefinition berücksichtigt werden. Tertiäre Benutzer befinden sich außerhalb der den Auftrag erteilenden Firma. Das Finanzamt möchte beispielsweise bestimmte Informationen aus einem Lohnbuchhaltungssystem haben. Solche Informationen müssen oft in einem genormten Format vorgelegt werden. Nur wenn die Anforderungen aller drei Benutzerkategorien in die Systemspezifikation aufgenommen werden, ist diese vollständig und funktioniert im Rahmen des vorgegebenen Anwendungsbereichs. Clarke und Prins gehen davon aus, daß ein primärer Benutzer im Durchschnitt 40 % der Systemanforderungen beisteuert, ein sekundärer Benutzer die gleiche Menge und ein tertiärer Benutzer den Rest. Während also ein primärer Benutzer das Produkt möglicherweise in Auftrag gegeben hat, muß man unbedingt berücksichtigen, daß auch die anderen Benutzer einen großen Einfluß auf seine Entwicklung haben können. Natürlich haben nicht alle Systeme alle drei Benutzertypen. Ganz gleich jedoch, welcher Benutzertyp bei einem System in Erscheinung tritt — diese Benutzer sollten beim Benutzer-Review vertreten sein. Das Benutzer-Review hat den Zweck, die Anforderungsdefinition auf Vollständigkeit und Konsistenz zu überprüfen.

Als nächstes möchten wir die Merkmale, auf die beim Review von Anforderungen geachtet werden muß, näher unter die Lupe nehmen. Die Testbarkeit von Anforderungen wird in Kapitel 4 behandelt.

3.5 Vollständigkeit und Konsistenz

In den ersten Phasen des Lebenszyklus der Software-Entwicklung besteht die Mehrzahl der Tests aus Überprüfungen der Vollständigkeit und Konsistenz; dies aus dem Grunde, daß zu Anfang des Lebenszyklus der größte Teil der Arbeitsergebnisse in einer nicht ausführbaren Form vorliegt (anders als in den späteren Stadien, wenn lauffähige Programme vorhanden sind); deshalb ist es schwierig, ihre genaue Funktion herauszufinden. Sehr oft kommt es zu folgender Situation:

$$A \ ----> \ B$$

wobei: – A ein Spezifikations- oder Design-Stadium und B eine spätere Phase im Lebenszyklus auf einer niedrigeren Abstraktionsebene ist. Der Pfeil steht also für eine bestimmte Design-Entscheidung oder Präzisierung, die ausgeführt wurde, um ein Ergebnis der nächsten Phase im Lebenszyklus hervorzubringen. Der Tester möchte sich nun Klarheit darüber verschaffen können, ob B vollständig (d.h., ob nichts daran fehlt) und ob B mit A konsistent ist (d.h., ob in B nichts enthalten ist, das im Widerspruch zu etwas steht, das in A gesagt wurde). Hierbei gelangt der Tester in bezug auf das Stadium B zu einer festen Überzeugung und ist in der Lage, es als „Sprungbrett" für die folgenden Stadien zu benutzen. Dies gilt besonders für den Übergang zwischen Anforderungen und Systementwurf, wenn eine große Zahl von Zwischenstadien wie etwa Funktionale Spezifikation, Outline System Design und Systemspezifikation vorhanden sind; die Stadien können, müssen aber nicht alle vorhanden sein und können zudem, abhängig von Faktoren wie Umgebung, Firmenstandards oder Methode, geringfügige Unterschiede aufweisen. Deshalb ist es wichtig, daß eine Möglichkeit besteht, diese Prüfungen auf Vollständigkeit und Konsistenz zwischen jeweils zwei beliebigen Stadien so effektiv wie möglich durchzuführen.

3.5.1 Vollständigkeit

Viele Bücher über das Testen enthalten Checklisten mit Empfehlungen für die Überprüfung auf Vollständigkeit. Dazu gehören oft Elemente wie „Sicherstellen, daß die Systemattribute vollständig definiert sind". Solche Ziele mögen lobenswert sein, wir glauben jedoch, daß viele dieser Empfehlungen nicht zum Gebiet „Testen", sondern in den weiteren Bereich „Systemanalyse" oder „Software Engineering" gehören.

Was dieses Buch dem Leser vermitteln möchte, sind einige allgemeine Fertigkeiten, die sich in jeder Phase anwenden lassen.

Überprüfungen auf Vollständigkeit können in folgenden fünf Stufen vorgenommen werden:

(A) Anwendungsbereich

Wenn Ihnen ein Anwender beispielsweise Anforderungen vorlegt wie: „Es wäre schön, wenn das System außerdem für einige allgemeine Bürotätigkeiten wie etwa Textverarbeitung benutzt werden könnte oder wenn man es auch für die Lohnbuchhaltung einsetzen könnte...", dann haben Sie es mit einem System zu tun, dessen Anwendungsbereich nicht definiert ist. Wenn nicht unzweideutig festgelegt worden ist, was das System umfassen soll, wird der Anwender nach der Auslieferung des fertigen Produkts mit Sicherheit etwa folgendes bemerken: „Ah, sehr gut, aber ich wollte doch außerdem, daß es meine Finanzbuchhaltung erledigen / die Zentralheizung regeln / einen Flugsimulator enthalten sollte..." Kurz, es gibt Ärger. Ein System, dessen Anwendungsbereich nicht genau festgelegt wurde, ist wie ein formloses Gebilde in einem zweitklassigen Film der fünfziger Jahre („Die Rache des Mörderteppichs") – man kann nie sagen, wo es beginnt oder endet oder was darin vorkommt. Solch ein System wird ständig an Umfang zunehmen, um den Launen des Anwenders entgegenzukommen; testfähig ist es dann allerdings nicht mehr.

(B) Unfertige Beschreibungen

Diese sind in den meisten Fällen relativ einfach zu entdecken (verglichen mit dem Rest der Vollständigkeits-Überprüfung). Sie können viele Gründe haben. Der Autor ist vielleicht an der Fertigstellung gehindert worden oder hat möglicherweise absichtlich etwas frei gelassen, weil er noch eine Sache überprüfen und später darauf zurückkommen wollte (was er dann vergessen hat). Heimtückischer sind solche Wendungen wie „etc.", die implizieren, daß „für den Leser offenkundig ist", was folgen oder mit inbegriffen sein sollte. Selbstverständlich ist es nicht offenkundig und kann leicht dazu führen, daß Fehler in das System gebracht werden. Solche Vermutungen müssen immer explizit gemacht werden.

(C) Innere Unvollständigkeit

Innere Unvollständigkeit liegt vor, wenn eine Beschreibung oder ein Abschnitt in irgendeiner Weise nicht vollständig definiert ist (dieses Problem ist also irgendwo zwischen einer unfertigen Definition und einem Versäumnis angesiedelt). Es ist schwieriger zu entdecken als eine unfertige Definition, jedoch leichter zu finden als eine völlige Unterlassung. Es ist nicht leicht, solch einen Fall näher zu beschreiben; es könnte sich beispielsweise um eine Anforderung handeln, die nicht in ihrer ganzen Breite definiert wurde.

Die Informationen, die dem Tester zur Verfügung stehen, reichen nicht aus, um das Produkt effektiv zu testen.

(D) Äußere Unvollständigkeit

Der Begriff der äußeren Unvollständigkeit entspricht dem der inneren Unvollständigkeit mit der einen Ausnahme, daß die Unvollständigkeit ein Objekt betrifft, das sich außerhalb des Dokumentes befindet. So könnte z.B. der Fall auftreten, daß auf ein anderes System oder auf bestimmte Firmenstandards verwiesen wird. Die Unvollständigkeit könnte sich daraus ergeben, daß ein Standard undefiniert oder ein Modul nicht spezifiziert ist. Eine äußere Unvollständigkeit führt selbstverständlich zu sehr unangenehmen und weitreichenden Komplikationen. Was kann der Tester tun, wenn das externe Objekt auf ein anderes externes Objekt verweist?

(E) Versäumnisse

Versäumnisse gehören zu den heimtückischsten Fehlern, die in einem System auftreten können. Sie unterscheiden sich von Unvollständigkeit dadurch, daß es keinerlei Anhaltspunkt oder Hinweis darauf gibt, daß etwas fehlt oder gar nicht erst definiert wurde. Mit anderen Worten: Wenn bei einem Artefakt etwas weggelassen wurde, wird auch der aufmerksamste Tester dies nicht allein durch einen Verweis auf und Wissen um dieses Artefakt entdecken. Hier wird die Wichtigkeit von Feedback und Informationsweitergabe deutlich. Durch einen Rückgriff auf vorhergehende Systemphasen und die Weitergabe von Informationen an spätere Phasen kann der Tester sich bemühen, sicherzustellen, daß nichts weggelassen wurde. Dies ist nur in einem Fall nicht möglich – bei den Anforderungen. Wenn eine Anforderung weggelassen wurde, wird dieser Punkt auch weiterhin (unbemerkt) im gesamten System fehlen. Es kann gar nicht oft genug betont werden, wie wichtig es ist, die Anforderungen zu testen. Getestet werden können sie aber nur, wenn der Anwender dabei einbezogen wird.

3.5.2 Konsistenz

Durch die Überprüfung der Konsistenz soll sichergestellt werden, daß die in einem Stadium eingeführten Begriffe in einem späteren Stadium die gleichen sind und die gleiche Bedeutung haben. Wenn der Anwender beispielsweise wünscht, daß das System mit den Datev-Buchhaltungs-Systemen kompatibel ist, muß der Systemanalytiker diese kennen und definieren. Diese Definition muß dann durch das gesamte Design des Systems hindurch beibehalten werden. Entsprechend müssen alle zu einem späteren Zeitpunkt im Lebenszyklus getroffenen Entscheidungen (etwa über eine Modul-Untergliederung oder eine Algorithmus-Definition) klar und deutlich sein und dürfen nicht mehr verändert werden. Konsistenzüberprüfung hat somit das Ziel, Fehlinterpretationen, Zweideutigkeiten und Widersprüche aufzudecken. Sie besteht aus vier Schritten:

(A) Terminologie

Jeder Begriff, der unklar ist oder Anlaß zu Mißverständnissen geben könnte, sollte definiert werden (eventuell in einem Glossar, falls viele solcher Begriffe vorhanden sind). In diesem Fall darf der Tester sich nicht auf seine Vorkenntnisse verlassen, sondern muß ein Mitglied des Entwicklungsteams um eine genaue Definition bitten. Manche Menschen haben eine Scheu, sich etwas näher erklären zu lassen, weil sie fürchten, als unintelligent zu erscheinen (besonders in Gegenwart von Vorgesetzten). Aufgrund der Unabhängigkeit des Testers sollte diese Arbeit keine Probleme bereiten.

(B) Innere Inkonsistenzen

Innere Inkonsistenzen kommen vor, wenn zwei Begriffe mit unterschiedlichen Bedeutungen belegt sind. Dies kann innerhalb derselben Phase oder in zwei verschiedenen Phasen des Lebenszyklus vorkommen. Einer der wichtigsten Gründe für eine Überprüfung der Konsistenz ist es, sicherzustellen, daß in einer späteren Phase genau die gleiche Aufgabe wie in einer früheren Phase ausgeführt wird (auch wenn sich eventuell die Terminologie, das Abstraktionsniveau und die Notation geändert haben).

(C) Externe Inkonsistenzen

Externe Inkonsistenzen liegen vor, wenn auf ein externes Objekt verwiesen wird, das für den Zweck, zu dem es definiert wurde, nicht geeignet oder mit ihm nicht vereinbar ist. Ein System könnte beispielsweise den Gebrauch einer bestimmten Routine erfordern, und der Entwickler legt in der Spezifikation fest, daß eine vorhandene Routine, die bereits vor einigen Jahren geschrieben wurde, benutzt werden soll.

Bei der weiteren Entwicklungsarbeit stellt sich heraus, daß die Routine mit dem Format der vom System benutzten Dateien nicht kompatibel ist. Dies ist ein Beispiel für einen lediglich frustrierenden und zeitraubenden Fall. Mißverständnisse, Fehlinterpretationen und Zweideutigkeiten können zu noch viel schwerwiegenderen Fehlern führen.

(D) Zirkuläre Inkonsistenzen

Ähnlich weitreichende Inkonsistenzen wie bei dem Problem der Unvollständigkeit können auftreten, wenn Verweise von Dokument zu Dokument erfolgen. Dokument A verweist auf B, B auf C usw., bis man schließlich etwas entdeckt, das im Widerspruch zu einer in A enthaltenen Ausgangsprämisse steht.

Die Tests auf Vollständigkeit und Konsistenz sind zwar eine wichtige, aber leider auch sehr schwierige Aufgabe. Zu den wirksamsten Methoden, sie auszuführen, gehören Reviews und Walkthroughs.

Reviews sollten als iterativer Prozeß gesehen werden, der erst abgeschlossen ist, wenn alle Parteien mit der Festlegung der Anforderungen zufrieden sind. Viele Projekte sind schon an einer unzureichenden Anforderungsdefinition gescheitert. Diese Reviews sollen verhindern, daß die Verantwortung für Fehler in der Anforderungsdefinition einer einzigen Person aufgebürdet wird. Durch die Einbeziehung weiterer Systemanalytiker wie auch Anwender soll ein Gruppenethos entstehen, so daß sich jedes Gruppenmitglied verpflichtet fühlt, zur Verbesserung des Produkts beizutragen. Diese Idee des „egolosen Produktes", die von Weinberg (1971) stammt und heute von manchen als „überholt" betrachtet wird, hat noch immer eine große Bedeutung für das Testen von Software, nicht zuletzt in den Bereichen Review und Walkthrough.

3.6 Walkthroughs

Neulinge im Computerbereich verwechseln den Begriff „Walkthrough" (auch unter der Bezeichnung „strukturiertes Walkthrough" bekannt) mit solchen Verfahren wie „Peer Code Reviews", „Dry Running" und „Desk Checking" (Schreibtischtests). „Dry Running" heißt, den Code von Hand mit einigen Versuchsdaten durchzuarbeiten. „Desk Checking" kann „Dry Running" umfassen und enthält außerdem eine Überprüfung kritischer Konstrukte und Einhaltung von Normen.

Die wesentlichen Merkmale eines Walkthrough sind, daß es nach einem bestimmten Schema abläuft und daß mehrere Personengruppen daran beteiligt sind, die alle festgelegte Funktionen haben. Die beim Testen auftretenden psychologischen Probleme wurden weiter oben bereits angeschnitten. Jeder Programmierer weiß, wie nervenaufreibend es ist, ein Programm zu testen; er kennt jene schrecklichen Momente, in denen man einige Daten eingibt und voll ängstlicher Spannung die Return-Taste drückt, und er kennt auch die Begeisterung, wenn das korrekte Ergebnis hervorgebracht wird. Im Gegensatz dazu umfaßt der ideale Test das metaphorische Äquivalent dafür, das Programm gegen die Wand zu schleudern. Aus den bereits erwähnten Gründen besitzen nur wenige von uns so viel Objektivität, daß sie ihre eigenen Produkte effektiv testen können.

Programmierern ist außerdem die Situation nicht unbekannt, daß ein Kollege einen flüchtigen Blick auf ein Listing wirft, über dem sie schon seit Stunden brüten, und nach einem kurzen Augenblick anscheinend mühelos feststellt, wo der so schwer zu findende

Fehler sitzt. Dies ist zwar effektiv, kann jedoch, abhängig von den beteiligten Personen, als demotivierend, demütigend und/oder peinlich empfunden werden.

Walktroughs zeichnen sich dadurch aus, daß sich Menschen zu einem Team zusammenfinden, das die obigen Aufgaben ausführt, ohne beim Review eines Entwurfs oder eines Programms beim Autor des Review-Objektes das Gefühl aufkommen zu lassen, daß er persönlich herabgesetzt oder angegriffen wird. Jedes Teammitglied hat bei diesem Walkthrough eine festgelegte Funktion. Die konkrete Durchführung eines Walkthrough wird in jeder Firma anders aussehen; grundsätzlich aber gehört das Review eines Dokumentes (Stück Code, System-Design, Liste von Anforderungen etc.) dazu. Jedes Teammitglied erhält einige Zeit vor dem Walkthrough eine Kopie des Dokumentes. Beim eigentlichen Walkthrough kann auch der Autor des Dokumentes dabei sein, um Erläuterungen abgeben, Fragen zu beantworten und Entscheidungen zu rechtfertigen. Es können Checklisten benutzt werden (Listen solcher Punkte wie kritische Konstrukte, angestrebte Qualitäten etc.), wie sie etwa in Myers (1978) beschrieben sind. Wahlweise kann das Walkthrough auch anhand der oben beschriebenen Begriffe Vollständigkeit und Konsistenz erfolgen. Walkthroughs sind meist ein sehr effektives Mittel, um Fehler aufzudecken, kosten jedoch bekanntermaßen sehr viel Zeit. Wenn sie effektiv sein sollen, dürfen sie nicht zu lange dauern (vielleicht nicht viel länger als eine Stunde); deshalb können mehrere Sitzungen erforderlich sein, um das Review auch nur eines Dokumentes von mittlerer Größe abzuschließen. Wenn man bedenkt, daß meistens vier oder fünf Leute an einem Review teilnehmen, kann sich dies zu einer beträchtlichen Zahl an Arbeitsstunden summieren. Dennoch läßt sich ihre Effektivität nicht leugnen, insbesondere, wenn das zu überprüfende Dokument in einer informellen und nicht-ausführbaren Form vorliegt. Wir empfehlen deshalb Reviews in den frühen Stadien des Testens, wenn die Dokumentation noch nicht so umfangreich ist (im Verhältnis zu späteren Stadien im Lebenszyklus), es nur wenige Alternativen gibt und es äußerst wichtig ist, Fehler zu finden.

3.7 Zusammenfassung

Klar definierte Anforderungen erfüllen beim Testen zwei Zwecke. Erstens sind sie die Grundlage für Überprüfungen der Vollständigkeit und Konsistenz mit dem System, wenn es in seinem Design und seiner Entwicklung fortschreitet. Zweitens fungieren sie als Basis für Validierungs-Tests, die in Kapitel 8 behandelt werden.

Kapitel 4
Entwurf von Tests auf der Grundlage der Anforderungen

4.1 Einleitung

Mit Hilfe der auf der Grundlage der Anforderungen entworfenen Tests läßt sich feststellen, ob der Anwender das System akzeptiert. Diese sogenannten Akzeptanztests sollen also sicherstellen, daß das richtige System konstruiert wurde (und nicht, daß das System richtig konstruiert wurde!). Die Möglichkeit, daß das gesamte System nicht akzeptabel ist, mag ein wenig unwahrscheinlich erscheinen; nimmt man jedoch den Prozeß des Systementwurfs als Ganzes, so kann man ihn als eine Abfolge von Phasen betrachten, die untereinander durch potentiell unzureichend definierte (und deshalb fehleranfällige) Schnittstellen verbunden sind. Jeder Fehler, der in einer der frühen Phasen auftritt, wird in den späteren Phasen verschlimmert und in seinen Auswirkungen potenziert.

4.2 Das Problem

Die größte Schwierigkeit bei der Definition von Tests aufgrund der Anforderungen besteht darin, daß diese oft nicht testfähig formuliert sind. Häufig sind es eher Wünsche oder Bitten, in vielen Fällen noch dazu unstrukturiert und ungeordnet. Auch die mehrdeutige und unpräzise Natur der natürlichen Sprache kann zu weiteren Unklarheiten führen.

4.3 Die Lösung – Die Anforderungen neu formulieren

Es ist gar nicht so einfach, aufgrund der Anforderungen Tests zu definieren, denn die Anforderungen sind oft völlig unstrukturiert. Deshalb besteht die erste Aufgabe darin, die Anforderungsspezifikation des Benutzers durchzugehen und die Anforderungen Punkt für Punkt neu und diesmal eindeutig zu formulieren. Das bedeutet, daß sie von allem überflüssigen Beiwerk befreit und als fortlaufend numerierte Anforderungen formuliert werden sollten. Wahrscheinlich werden manche Anforderungen durch verschiedene untergeordnete Anforderungen erfüllt, so daß eine Hierarchie aufgebaut wird (die sich in der Numerierung widerspiegeln kann). Es ist jedoch wichtig, jeden Ansatz zu einer prozeduralen Lösung an diesem Punkt zu vermeiden.

Nachdem die Anforderungen auf diese Weise formuliert worden sind, muß man sie nacheinander durchgehen und sich folgende Fragen stellen:

1. „In welcher Form wird dies im fertigen System erscheinen?"
2. „Ist es testfähig?"

Mit Hilfe der ersten Frage soll festgestellt werden, ob das, was niedergeschrieben wurde, tatsächlich eine Anforderung ist. Wenn nämlich etwas im fertigen System gar nicht in Erscheinung tritt, ist es unmöglich, festzustellen, ob die Anforderung erfüllt wurde oder nicht. Eine Anforderung kann selbstverständlich in vielen Formen in Erscheinung treten. Wenn beispielsweise verlangt wird, daß ein bestimmtes Hardwareteil benutzt wird, wird es in der endgültigen Lösung als konkretes Ding erscheinen (d.h., man kann es anfassen). Andere Anforderungen sind subtiler; sie erkennbar zu machen, erfordert die Fähigkeiten des Testers.

Die zweite Frage soll den Tester in die Lage versetzen, entscheiden zu können, ob die Anforderung erfüllt worden ist oder nicht – d.h., die Rubrik „Ja" oder „Nein" anzukreuzen und nicht bei einem „Vielleicht" Zuflucht zu nehmen. Der Tester beseitigt so alle Elemente der Unsicherheit, die in dem System möglicherweise vorhanden sind. Jeder Punkt, über den sich der Tester nicht klar ist, ist nicht testfähig und muß deshalb greif- und meßbar gemacht werden.

Ein verbreitetes Beispiel für eine nicht testfähige Formulierung ist die Anforderung, daß das System eine angemessene Antwortzeit haben soll. Untestbar wird diese Anforderung durch das Wort „angemessen". Was ist angemessen? 2 Sekunden? 1 Sekunde? Weniger als 1 Sekunde? Diese Zeitangabe ist subjektiv und muß deshalb (in Zusammenarbeit mit dem Anwender) in eine meßbare Zeiteinheit verändert werden (z.B.: Die Antwortzeit des Systems muß bei mehr als 95 % aller Transaktionen weniger als 1,5 Sek. betragen.) Eine solche Formulierung ermöglicht es dem Tester, eindeutig festzustellen, ob die Anforderung erfüllt wird oder nicht.

4.4 Anwendung auf die Fallstudie

Hier arbeiten wir mit Auszügen aus der Fallstudie, die in ungekürzter Fassung im Anhang zu finden ist.

Eine Videothek hat ein System in Auftrag gegeben, das den Verleih der Videobänder verwalten soll. Erste Gespräche mit dem Inhaber haben folgende Anforderungen ergeben:

> Das System muß den Verleih von Videobändern und die Verwaltung des Video-Mitgliedsclubs abwickeln. Zum gegenwärtigen Zeitpunkt existieren gut 3000 Bänder, darunter mehrere Duplikate. Jeder Film ist mit einer gesonderten Signatur gekennzeichnet, die bei der Neuanschaffung vergeben wurde. Jedes Clubmitglied hat eine gesonderte Mitgliedsnummer. Der Mitgliedsbeitrag beträgt gegenwärtig das gleiche wie die Ausleihgebühren für zwei Filme. Die Mitgliedschaft wird jeweils nach Ablauf eines Jahres verlängert. Die festgehaltenen Mitgliedsdaten umfassen Name, Adresse und Telefonnummer und das Datum des Ablaufs der Mitgliedschaft. Mit Hilfe des Systems müssen Aus- und Rückgabe der Filme verbucht werden, die Rückgabetermine müssen bekannt sein, und für jeden Film muß der jeweilige Ausleiher ermittelt werden können. Eine weitere Anforderung lautet, daß feststellbar sein muß, ob ein Film im Magazin oder ausgeliehen ist. Bei der Filmrückgabe muß das System dem Benutzer mitteilen, ob die Leihfrist überschritten ist, da in diesem Fall eine Säumnisgebühr fällig wird. Es muß die Benutzer benachrichtigen, deren Mitgliedskarte abgelaufen ist. Außerdem muß das System Listen aller zu einem bestimmten Zeitpunkt vorhandenen Filme, aller überfälligen Filme und aller Mitglieder erstellen können. Es muß Mitgliedern, die ihre Filme trotz Fristablauf nicht zurückgegeben haben oder deren Mitgliedschaft zu verlängern ist, Erinnerungen zusenden können. Das System soll auf einem Einzelplatz-Mikrocomputer mit einer 20-MB-Festplatte laufen.

Es ist zu beachten, daß die oben beschriebenen Anforderungen ein sehr kleines und ziemlich gut definiertes System betreffen. Dennoch lassen sie sich zunächst recht schwer erfassen, selbst beim wiederholten Lesen. Sie sind unstrukturiert, und ihr innerer Zusammenhang ist nur schwer erkennbar. Deshalb dürfte es verständlicherweise schwierig sein, Tests zu konstruieren und Ergebnisse vorherzusagen. Außerdem wird an diesem Beispiel deutlich, wie die Definition von Tests für ein komplexeres System, dessen Anforderungen möglicherweise mehrere Bände füllen, zu einer beängstigenden, wenn nicht beklemmenden Aufgabe werden kann.

4.4.1 Die Anforderungen neu formulieren

Die erste Aufgabe besteht deshalb darin, diese Anforderungen Punkt für Punkt neu zu formulieren. Die einfachste Methode hierbei ist, zu versuchen, sie als einzelne Anforderungen zu spezifizieren und anschließend möglicherweise miteinander zusammenhängende Anforderungen zu einer Meta-Anforderung zusammenzufassen. Die obigen Anforderungen würden in der neuen Formulierung so lauten:

0.1 Das System wickelt den Verleih von Videobändern und die Verwaltung des Clubs ab.
1.1 Jeder Film ist mit einer gesonderten Signatur gekennzeichnet.
1.2 Von einem Film können mehrere Kopien existieren.
1.3 Das System muß über 3000 Videobänder bewältigen können.
2.1 Die Mitgliedschaft kostet die Ausleihgebühr für zwei Filme.
2.2 Die Mitgliedschaft dauert 1 Jahr.
2.3 Jedes Mitglied hat eine gesonderte Mitgliedsnummer.
2.4 Die festgehaltenen Mitgliedsdaten umfassen:
    2.4.1 Name
    2.4.2 Nummer
    2.4.3 Adresse
    2.4.4 Telefonnummer
    2.4.5 Ablaufdatum
2.5 Ein Versuch, einen Film trotz abgelaufener Mitgliedschaft auszuleihen, veranlaßt das System dazu, den Benutzer zu informieren.
3.1 Filmverleih:
    3.1.1 Das System kann die Ausgabe der Filme verbuchen.
    3.1.2 Das System kann die Rückgabe der Filme verbuchen.
    3.1.3 Das Rückgabedatum eines Films muß angezeigt werden.
    3.1.4 Das System muß Daten über den Status eines Filmes und den gegenwärtigen Ausleiher auf einem Display zeigen können.
    3.1.5 Es muß möglich sein, durch eine Abfrage festzustellen, welche Filme ein Mitglied ausgeliehen hat.
    3.1.6 Das System soll den Benutzer bei der Filmrückgabe informieren, ob die Leihfrist überschritten ist.
4.1 Das System muß allgemeine Verwaltungsarbeiten ausführen können:
    4.1.1 Liste aller zu einem bestimmten Zeitpunkt vorhandenen Filme
    4.1.2 Benachrichtigung der Benutzer, deren Mitgliedsbeitrag in Kürze fällig wird
    4.1.3 Mahnung der Benutzer, die ausgeliehene Filme nicht fristgemäß zurückgebracht haben
    4.1.4 Änderung von Mitgliedsdaten

4.1.5   Änderung von Filmlisten

5.1   Das System läuft auf einem Einzelplatz-Mikrocomputer mit einer 20-MB-Festplatte.

Der Tester ist nun in der Lage, die so ausgedrückten Anforderungen unter die Lupe zu nehmen.

Anforderung 0.1 wird in Form des vollständigen Systems in Erscheinung treten. Dennoch ist es keine testbare Anweisung. Selbst der Versuch festzustellen, ob diese Anforderung erfüllt wurde oder nicht, würde große Mühe kosten (weil es sich um eine Anforderung auf hoher Ebene handelt, die zudem Begriffe wie „Verwaltung des Clubs" enthält, die sich von der Vergabe der Mitgliedsnummern bis zur Erledigung der Club-Buchhaltung erstrecken können). Diese Anforderung stellt den Bezug zur Realität her und setzt einen Rahmen für die weiteren Anforderungen. Deshalb gehört sie zwar zu der ursprünglichen Beschreibung der Anforderungen, ist aber in der neuen Formulierung fehl am Platz. Die Lösung dieses Problems ist deshalb, diese Anforderung ganz fallenzulassen, da sie durch die Anforderungen auf niedrigerer Ebene erfüllt wird.

Die Anforderung 1.1 wird in dem System zum Ausdruck kommen, wenn neue Filme mit Signaturen versehen werden (oder wenn der existierende Bestand katalogisiert wird). Sie läßt sich testen, indem man z.B. versucht, zwei Filmen die gleiche Signatur zuzuweisen.

Die Anforderung 3.1.1 wird in dem System in Form der Funktion erscheinen, die der Benutzer aufruft, wenn ein Film ausgeliehen wird. Dennoch ist sie nicht testfähig. Wie läßt sich feststellen, ob das System „die Ausgabe der Filme verbucht"? Damit diese Anforderung getestet werden kann, muß sie neu formuliert werden, zum Beispiel:

3.1.1   Wenn ein Film für die Ausleihe verfügbar ist, kann er an einen Kunden ausgeliehen werden.

3.1.1.1 Ein Film ist so lange für die Ausleihe verfügbar, bis alle Kopien gleichzeitig ausgeliehen sind.

Dies sind testbare Beschreibungen, die noch immer die gleiche Bedeutung wie die ursprünglichen Anforderungen haben. Es mag ein wenig umständlich erscheinen, Anforderungen in dieser präzisen Form zu formulieren; es ist deshalb durchaus statthaft, diese testbaren Formulierungen den Anforderungen hinzuzufügen, so daß die Anforderungen in ihrer ursprünglichen Form und in ihrer testbaren Form vorliegen. An dieser Stelle sollte in bezug auf die Anforderungen eine Warnung ausgesprochen werden. Eine große Verlockung besteht darin, die Anforderungen durch zusätzliche Details zu ergänzen. Beispielsweise ist bekannt, daß das System mehrere Kopien von Filmen verwalten muß; die dadurch notwendigen komplexen Bearbeitungsschritte wurden bei der Neuformulierung der Anforderungen nicht direkt erwähnt. Man könnte sich dazu veranlaßt fühlen, Anforderung 3.1.1 folgendermaßen umzuformulieren: „Wenn ein verfügbarer Film ausgeliehen wird, wird die Zahl der im Bestand vorhandenen Kopien dieses Films um 1 verringert". Solche Impulse muß man unbedingt unterdrücken, da man sich damit bereits auf das Gebiet der Lösungen begibt, obwohl das System noch nicht einmal entworfen ist. Jede derartige Formulierung hat die Tendenz, die Methode des Entwicklers zu beeinflussen; das Resultat könnte ein System sein, das eine schlechtere Qualität aufweist, als sonst vielleicht erreicht worden wäre.

Darüber hinaus ist es interessant festzustellen, daß Anforderungen im fertigen System in vielen verschiedenen Formen in Erscheinung treten können. Anforderung 5.1 beispielsweise wird als physisches Ding erscheinen (ein Computer!), das einfach zu testen sein dürfte.

Ein Teil der oben neu formulierten Anforderungen muß noch in einer klaren und testfähigen Form ausgedrückt werden. Dies zu versuchen, ist eine nützliche Übung für den Leser, bevor er die nachstehend vorgeschlagenen endgültigen Formulierungen zu Rate zieht. Höchstwahrscheinlich unterscheiden sich die Methoden, Anforderungen testfähig zu gestalten, voneinander (viele Anforderungen sind im endgültigen System nicht direkt sichtbar und erfordern andere Maßnahmen, um ihre Funktionsfähigkeit zu testen).

Die Anforderungen wurden wie folgt neu formuliert:

1.1 Alle Filme sind mit einer gesonderten Signatur zu versehen.
1.2 Es existieren mehrere Kopien von Filmen.
1.3 Das System muß über 3000 Videobänder verwalten können.
2.1 Die Mitgliedschaft erlischt ein Jahr nach Beitritt/Verlängerung. Eine Mitgliedschaft ist abgelaufen, wenn das aktuelle Datum später als das oder gleich dem Ablaufdatum ist.
2.2 Jedes Mitglied hat eine gesonderte Mitgliedsnummer.
2.3 Folgende Daten über die Mitgliedschaft werden festgehalten:
    2.3.1 Name
    2.3.2 Mitgliedsnummer
    2.3.3 Adresse
    2.3.4 Telefonnummer
    2.3.5 Ablaufdatum der Mitgliedschaft.
2.4 Das System gestattet es nicht, Filme an Mitglieder auszuleihen, deren Mitgliedschaft abgelaufen ist.
3.1 Ausleihe und Rückgabe der Filme:
    3.1.1 Wenn ein Film für die Ausleihe verfügbar ist, kann er an einen Kunden ausgeliehen werden.
    3.1.1.1 Ein Film ist so lange für die Ausleihe verfügbar, bis alle Kopien gleichzeitig ausgeliehen sind.

3.1.2 Wenn ein Film nicht für die Ausleihe verfügbar war, macht seine Rückgabe ihn verfügbar.

3.1.3 Das Rückgabedatum wird bei der Ausleihe festgelegt und muß bei der Rückgabe angezeigt werden.

3.1.4 Für den Fall einer Abfrage in bezug auf einen verliehenen Film muß es möglich sein, den momentanen Benutzer zu ermitteln.

3.1.5 Durch eine Abfrage in bezug auf ein Mitglied ist feststellbar, welche Filme derjenige zu diesem Zeitpunkt ausgeliehen hat.

3.1.6 Das System muß den Benutzer informieren, wenn dieser einen Film nach Ablauf der Ausleihfrist zurückgibt.

4.1 Das System muß allgemeine Verwaltungsaufgaben erfüllen:

4.1.1 Liste aller zu einem bestimmten Zeitpunkt vorhanden Filme nach Titeln

4.1.2 Durch eine Abfrage in bezug auf einen Film läßt sich feststellen, wie viele Kopien vorhanden und wie viele davon verfügbar sind.

4.1.3 Benachrichtigungen aller Mitglieder, deren Mitgliedschaft im Folgemonat abläuft

4.1.4 Mahnungen an Mitglieder, die den Abgabetermin um 5 Tage überschritten haben.

4.1.5 Änderung von Mitgliedschafts-Daten − Hinzufügen/Streichen von Mitgliedern.

4.1.6 Änderung von Filmlisten − Hinzufügen/Streichen von Titeln.

5.1 Das System läuft auf einem Einzelplatz-Mikrocomputer mit einer 20MB-Festplatte.

4.4.3 Entwerfen der Testfälle

Wir werden nun den Entwurf von Testfällen für eine Untermenge der Anforderungen (Anforderung 3) zeigen. Bei der Definition von Tests anhand der Anforderungen möchten wir (falls möglich) zwei Tests für jede Anforderung entwerfen. Der eine Test sollte zeigen, daß die Anforderung so, wie sie in der Spezifikation niedergelegt ist, erfüllt wird. Der andere sollte versuchen zu zeigen, daß nur das dort Niedergelegte ausgeführt wird (beispielsweise indem etwas getestet wird, was die Spezifikation nicht erlaubt). Ferner sollten wir versuchen, alle Grenzen und Randbedingungen zu testen. Wir nehmen uns die Anforderungen der Reihe nach vor:

3.1.1 Wenn ein Film für die Ausleihe verfügbar ist, kann er an einen Kunden ausgeliehen werden.

Tests:

Versuch, einen verfügbaren Film auszuleihen.
Versuch, einen nicht verfügbaren Film auszuleihen.

    3.1.1.1   Ein Film ist so lange für die Ausleihe verfügbar, bis alle Kopien gleichzeitig ausgeliehen sind.

Tests:

Versuch, einen Film auszuleihen, der in mehreren Kopien vorhanden ist, die alle ausgeliehen sind.
Versuch, einen Film auszuleihen, dessen Kopien bis auf eine ausgeliehen sind.

    3.1.2   Wenn ein Film nicht für die Ausleihe verfügbar war, macht seine Rückgabe ihn verfügbar.

Tests:

Ausleihe eines nicht verfügbaren Films.

Rückgabe eines Films und Ausleihe dieses Films.

    3.1.3   Das Rückgabedatum wird bei der Ausleihe festgelegt und muß bei der Rückgabe angezeigt werden.

Tests:

Geschieht durch Beobachtung. Überprüfung mehrerer Filme mit unterschiedlichen Rückgabedaten.

    3.1.4   Für den Fall einer Abfrage in bezug auf einen verliehenen Film muß es möglich sein, den momentanen Benutzer zu ermitteln.

Tests:

Abfrage über verliehenen Film.
Abfrage über zurückgegebenen Film.

    3.1.5   Durch eine Abfrage in bezug auf ein Mitglied ist feststellbar, welche Filme derjenige zu diesem Zeitpunkt ausgeliehen hat.

Tests:

Abfrage über Mitglied, das keine Filme ausgeliehen hat.
Abfrage über Mitglied, das 1 Film ausgeliehen hat.
Abfrage über Mitglied, das mehrere Filme ausgeliehen hat.

    3.1.6   Das System muß den Benutzer informieren, wenn dieser einen Film nach Ablauf der Ausleihfrist zurückgibt.

Tests:
Pünktliche Rückgabe eines Films.
Verspätete Rückgabe eines Films.

Wenn wir die Tests nach diesem Muster vollständig definiert haben, sind wir in der Lage, sie in jedem Stadium des Lebenszyklus durchzuführen. In den Entwurfsstadien beispielsweise kann der Test in Form eines „Schreibtischtests" ablaufen (also von Hand durchgearbeitet werden), um zu überprüfen, wie der Entwurf auf diese Tests reagiert. In den Implementierungs- und Integrationsstadien können sie in konkrete Daten umgewandelt und vom System ausgeführt werden.

4.5 Zusammenfassung

Tests auf der Grundlage der Anforderungen zu entwerfen, ist schwierig. Werkzeuge und Methoden, die dabei helfen könnten, sind rar, falls überhaupt vorhanden. Man muß sich aber unbedingt vor Augen führen, daß die hier investierte Mühe zu äußerst bemerkenswerten Ergebnissen führt. Ein relativ geringer Aufwand an Zeit und Mühe für die Formalisierung der Anforderungen und die Definition von Tests anhand dieser Anforderungen können die Zahl der Fehler drastisch senken, die sich ansonsten bis zur Implementierung durchziehen würden. Es sind gerade die beim Entwurf auftretenden Fehler, deren Beseitigung die meiste Zeit und Mühe kostet.

Kapitel 5
Testen in den Entwurfsphasen

5.1 Einleitung

Das klassische Lebenszyklus-Modell der Software-Entwicklung ist in vielen Punkten irreführend. Sicherlich ist es zur Klärung der Terminologie etc. nützlich; problematisch ist allerdings, daß jede Phase als unabhängiger Prozeß dargestellt wird, der kaum mit anderen Phasen interagiert. Das „Wasserfall"-Modell hat zwar Pfeile, die auf Rückfluß und Datenweitergabe hindeuten; dennoch erscheinen die Prozesse selbst als isolierte Einheiten auf ihrer jeweiligen Abstraktionsebene und werden oft als zum „Bereich von jemand anderem" gehörig betrachtet. Beim Software Engineering ist man u.a. bestrebt, die Phasen des Lebenszyklus zu integrieren, um die Qualität des Produktes zu verbessern. Die Isolation der einzelnen Phasen bringt das Problem mit sich, daß die für eine Phase Verantwortlichen dann, wenn sie abgeschlossen ist (oder als abgeschlossen betrachtet wird), in sehr vielen Fällen möglichst nichts mehr damit zu tun haben möchten. Dies wirkt sich so aus, daß beispielsweise der Systemanalytiker die Anwender-Anforderungen sammelt und in einem Dokument zusammenfaßt, welches dem Designer des Systems übergeben wird; anschließend wendet sich der Systemanalytiker der Arbeit an einem neuen Projekt zu. Der Designer nimmt dann dieses Dokument als Arbeitsgrundlage, um einen Systementwurf zu erstellen, der anschließend dem Leiter des Programmierteams in die Hand gedrückt wird; dieser verfährt dann wiederum in ähnlicher Weise.

5.2 Das Problem

Die Schwierigkeit bei der oben beschriebenen (und jeder ähnlichen, vielleicht weniger extremen) Methode ist, daß die Schnittstellen zwischen jeweils zwei Stadien für Fehler und Fehlinterpretationen anfällig sind. Hinzu kommt, daß das Endprodukt (eine den Anforderungen entsprechende Implementierung) bei den Bemühungen, ein Unterstadium der Entwicklung abzuschließen, oft aus dem Blickfeld gerät. Man muß dabei jedoch berücksichtigen, daß es für einige Personen oft unumgänglich ist, sich auf dem entsprechenden Abstraktionsniveau voll auf ihre Aufgabe zu konzentrieren. Wichtig ist aber, daß jemand den Überblick behält und das

Endprodukt im Auge behält. Es wäre beispielsweise eine Verschwendung von Ressourcen, in jedes Stadium der Systementwicklung einen Programmierer einzubeziehen (damit soll nicht gesagt werden, daß Programmierer nicht über die Entwicklung des Projekts und den Gesamtzusammenhang ihrer Aufgabe informiert werden sollten), da Programmierer lediglich in der Implementierungsphase eine Rolle spielen; ihre Interessen und Fähigkeiten (und damit ihre Abstraktionsebene) betreffen eben diese Phase. Ebenso wichtig ist jedoch, daß der Projektleiter über den Stand des Projektes auf dem laufenden ist (dies ist die Abstraktionsebene des Projektleiters; die Projektleiter müssen die Projektziele im Auge behalten und brauchen sich nicht um die alltäglichen Einzelheiten wie beispielsweise das Codieren der Update-Routine für Files zu kümmern).

Wenn wir die Anforderungen in der in Kapitel 4 beschriebenen Form definiert haben, so ist dies eine hervorragende Ausgangsposition für die Überprüfung, ob sie mit der Implementierung übereinstimmen. Allerdings möchten wir nicht erst an diesem Punkt feststellen, daß die Anforderungen nicht erfüllt wurden. Der Leser dürfte sich inzwischen über die Konsequenzen von nicht erfüllten Anforderungen im klaren sein. Wir möchten zum frühestmöglichen Zeitpunkt feststellen, daß ein System von einer Anforderung abweicht — oder, im anderen Fall, die Gewißheit haben, daß wir mit unserer Arbeit noch auf dem richtigen Weg sind, daß die Richtung stimmt und das angestrebte Ziel in Sicht ist. Glass (1979) betrachtet Entwurf und Implementierung als die beiden grundlegenden Bereiche, in denen Fehler eingeführt werden können, und bemerkt, daß 61 bis 64 % der Fehler den Entwurfsstadien zuzuschreiben sind, während 36 bis 39 % in den Implementierungsstadien unterlaufen. Dies zeigt, daß effektive Tests in der Entwurfsphase einen gewaltigen Einfluß haben können.

Das Testen in der Entwurfsphase soll sicherstellen, daß niemand die Anforderungen aus dem Auge verliert, daß kleine Fehler, die dort gemacht werden, sich nicht bis in spätere Phasen fortsetzen, daß ein kontinuierlicher Bezug zu den vorhergehenden Phasen besteht und daß Ergebnisse in einer Form hervorgebracht werden, die in späteren Phasen benutzt werden kann.

In den Entwurfsphasen steht man vor dem zusätzlichen Problem, daß es eine Reihe unterschiedlicher Ansätze und Methoden gibt. Darüber hinaus scheint ein Teil der in der Entwurfsphase getroffenen Entscheidungen oft ziemlich beliebig zu sein. Möglicherweise existieren keine Regeln für das Treffen dieser Entscheidungen, so daß sie auf Erfahrung (oder, schlimmstenfalls, auf Launen) beruhen. Die Vielfalt der Methoden und der Mangel an formalen Regeln haben den Entwurf zu einer der am meisten vernachlässigten Phasen in bezug auf das Testen gemacht. Faktisch versuchen viele Entwurfsmethoden diesem Mißstand durch „eingebaute Kontrollen" abzuhelfen.

Die Lösung für das Problem des Testens in diesem Stadium ist deshalb, jede mögliche Unterphase für sich allein sowie vor dem Hintergrund aller vorhergehenden Phasen zu testen, die sinnvolle Kontrollen enthalten. So dürfte das Vertrauen in den endgültigen Entwurf und die anschließende Implementierung merklich zunehmen und die Zahl der in den späteren Phasen auftretenden Fehler geringer werden.

Eine weitere Schwierigkeit bereitet die Zahl der Methoden, die alle verschieden getestet werden können. Wir möchten in diesem Buch versuchen, ein Destillat der wesentlichen Entwurfs-Konzeptionen vorzulegen und zeigen, wie diese getestet werden können.

5.2.1 Ein Blick auf den Entwurfsprozeß

Unabhängig von der für den Entwurf eines Systems gewählten Methode gibt es eine Reihe von Attributen oder Einzelschritten, die berücksichtigt werden sollten und die benutzt werden können, um den Fortschritt des Entwurfs zu testen (d.h., den Übergang von einem zum anderen Entwurfsstadium). Wie bereits erwähnt, sehen die meisten der formellen oder halbformellen Methoden des Systementwurfs die Durchführung bestimmter Kontrollen vor. Was wir hier beschreiben möchten, sind die Schritte, die in jedem Entwurfsprozeß vorkommen sollten, sowie die Tests, die in jedem der Schritte ausgeführt werden können.

Aus unserer Sicht umfaßt der Entwurfsprozeß folgende Einzelschritte:

- Definition der Ausgabe
- Definition der Eingabe
- Definition der Dateien/Datenbasis
- Definition der Ablauflogik
- Definition der Einzelspezifikationen.

Dies ist zwar lediglich eine Art Minimalmodell des Entwurfsprozesses, aber dennoch repräsentativ für die wesentlichen Eigenschaften, die getestet werden müssen. Im folgenden wird dargelegt, welche Tests ausgeführt werden können.

5.3 Die Lösung

Nachstehend werden einige Methoden und Techniken beschrieben, mit deren Hilfe der Systementwurf getestet werden kann, damit die oben angesprochenen Probleme überwunden werden. Der Leser soll jedoch nicht veranlaßt werden zu glauben, eine rigorose Anwendung dieser Ideen garantiere einen fehlerfreien Entwurf. Fehler können auf viele Arten in einen Entwurf gelangen. Die in der Entwurfsphase benutzten Notationen können, da sie nicht exakt definiert sind, zu Mißverständnissen oder Mißinterpretationen führen. Kombinatorische Probleme spielen ebenfalls eine Rolle – selbst in diesem Stadium ist ein System meistens so komplex, daß es nicht möglich ist, sämtliche Kombinationsmöglichkeiten von Funktionen durchzuspielen, so daß es in Einzelfällen zu einer unkorrekten Verarbeitung kommen kann. Eine weitere Fehlerquelle resultiert daraus, daß viele Tests in diesem Stadium auf manueller Überprüfung beruhen. Obgleich diese Methode effektiv sein kann, läßt sie dennoch Raum für menschliche Fehler. Wie dem Leser zunehmend klar werden dürfte, ist dieser Fall beim Testen allzu üblich. Selbst die exakteste Anwendung von Werkzeugen und Techniken kann noch zu fehlerbehafteter Software führen. Der Tester muß sich dessen immer bewußt sein, er muß die Ursache verstehen, und er muß ständig wachsam auf mögliche Fehlerquellen achten. Das Wissen darum, wo Fehler entstehen, kann zu Informationen über ihre Art und vielleicht auch zu Anhaltspunkten für ihre Ursachen verhelfen. Wie bereits im ersten Kapitel erwähnt: Fehler werden gemacht, sie schleichen sich nicht von selbst ein.

5.3.1 Testen des Systementwurfs

Der wichtigste Ausgangspunkt des Entwurfs ist die Auflistung der Anforderungen (oder das letzte Dokument aus der Anforderungsphase – sei es eine funktionale Spezifikation, der Entwurf eines Systemdesigns oder was auch immer). Wir setzen voraus, daß die Anforderungen getestet und akzeptiert worden sind und nun eine unstrittige Grundlage bilden (vergleichbar mit Axiomen), von der ausgehend der Rest des Systems entwickelt werden kann.

(A) Definition der Ausgaben

Die Ausgaben werden anhand der Anforderungen überprüft, um sicherzustellen, daß die Ausgabe für jede Anforderung im System definiert wurde (falls sie eine Ausgabe erfordert). Auf der Basis der Anforderungen erfolgt also eine Kontrolle der Vollständigkeit. Die Ausgaben an sich werden außerdem auf Konsistenz überprüft, beispielsweise um sicherzustellen, daß Namen, die in mehr als einer Ausgabe benutzt werden, die gleichen Definitionen haben.

(B) Definition der Eingaben

Auch hier werden die Eingaben aus den Anforderungen erarbeitet und wie die Ausgaben auf Vollständigkeit und Konsistenz überprüft. Die in diesen beiden Stadien ausgeführten Tests basieren lediglich auf Umsichtigkeit und harter Arbeit. Von diesen „Werkzeugen" abgesehen, gibt es keine Schnellverfahren oder Methoden für diese mühselige, aber unentbehrliche Kontrolle.

Nachdem die Ein- und Ausgaben definiert wurden, ist es möglich, sie nach dem Stimulus-Response-Schema miteinander zu verbinden, um ein Netzwerk zu bilden. Dies entspricht einem Ursache-Wirkung-Diagramm, wie es Elmendorf (1973) beschrieben hat und das in Myers (1979) erörtert wird. Dieses Diagramm verknüpft die Eingaben durch eine Kette mit den Ausgaben, die als Folge dieser Eingaben erzeugt werden. Dabei ist es selbstverständlich möglich, eine Ausgabe für mehrere Eingaben zu generieren und umgekehrt.

Das Prinzip läßt sich am besten anhand eines einfachen Beispiels beschreiben:

Es wird ein Programm benötigt, das eine Transaktionsdatei lesen und jeden Datensatz mit einer Master-Datei vergleichen soll. Wenn sie übereinstimmen, werden die entsprechenden Felder aktualisiert. Für jeden Datensatz der Master-Datei wird ein Reportdatensatz geschrieben. Wenn für einen bestimmten Transaktions-Datensatz kein Datensatz in der Master-Datei vorhanden ist, wird der Transaktions-Datensatz in einen Fehler-Report aufgenommen.

Die Eingaben (oder Ursachen) sind:

(1) Masterdatensatz
(2) Transaktionsdatensatz

Die Ausgaben (oder Wirkungen) sind:

(1) Reportdatensatz
(2) aktualisierter Masterdatensatz
(3) Fehler-Report.

Diese können in dem Diagramm folgendermaßen kombiniert werden:

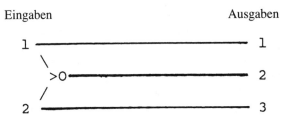

Der dazwischenliegende Knoten (0) bedeutet, daß die Transaktions- und Masterdatensätze kombiniert werden, bevor die Ausgabe erzeugt wird.

Nachdem dieses Diagramm erstellt wurde, kann es in eine Entscheidungstabelle (s. Abschnitt 5.4) überführt und dann bearbeitet werden, um einen Satz von Eingabe- und Ausgabe-Testfällen zu definieren. Diese Testfall-Definitionen dienen als Vorarbeit für das Testen in den späteren Entwurfsphasen und sind außerdem für die Integrations- und Systemtests hilfreich. Diese Methode hat jedoch den Nachteil, daß sie zu einer kombinatorischen Explosion zu führen pflegt. Der Grund dafür ist, daß alle zulässigen Kombinationen von Eingabedaten (und die entsprechenden Ausgaben) berücksichtigt werden und die Zahl der Testfälle dadurch drastisch anwächst. Die Autoren haben diese Technik auf die Fallstudie angewandt; selbst bei diesem relativ einfachen Beispiel wird das Diagramm unübersichtlich und unhandlich (der interessierte Leser mag das vielleicht ausprobieren). Damit Tests in diesem Stadium durchführbar sind, ist es notwendig, Abstriche zu machen (der Kompromiß zwischen dem, was wir im Idealfall tun möchten und dem, was praktikabel ist, ist beim Softwaretesten leider fast immer unumgänglich). Als Alternative schlagen die Autoren die weiter unten beschriebene Methode der Entscheidungstabelle vor.

(C) Definition der Dateien oder Datenbasis

Aufgrund der Anforderungen läßt sich feststellen, welche Daten vom System verlangt werden. Durch einen Schreibtischtest kann sichergestellt werden, daß alle in den Dateien gespeicherten Daten tatsächlich benutzt werden. Wenn ein Datenelement nicht benutzt wird, sollte überprüft werden, ob sein Vorhandensein überhaupt notwendig ist. Es könnte beispielsweise für zukünftige Verbesserungen des Systems benötigt werden, doch dies muß in den Anforderungen ausdrücklich festgelegt worden sein. Die Standardtests auf Vollständigkeit und Konsistenz sollten ausgeführt werden. In diesem Stadium sind Data-Dictionary-Systeme eine sehr große Hilfe.

(D) Definition der Ablauflogik

Die vom System ausgeführte Verarbeitung ist dasjenige, was erforderlich ist, um eine Eingabe in eine Ausgabe umzuwandeln. Das Endprodukt kann eine Beschreibung sein; diese Beschreibung sollte jedoch vorzugsweise in graphischer Form erfolgen (z.B. als Datenfluß-Diagramm). Zu Testzwecken ist es notwendig, das System so zu beschreiben. Dies erleichtert es dem Tester, den Ablauf im System mit den oben beschriebenen Ein-/Ausgabe-Beziehungen zu vergleichen. Er braucht sich dazu lediglich Eingabe für Eingabe vorzunehmen, die entsprechende Eingabe im Entwurf aufzusuchen und anhand des Entwurfs zu verfolgen, welche Ausgabe erzeugt wird. Diese Ausgabe wird dann mit den erwarteten Ergebnissen in der Entscheidungstabelle verglichen, und alle Abweichungen werden näher untersucht.

Ein zweiter Test, der ausgeführt werden sollte, besteht darin, die Anforderungen der Reihe nach durchzugehen und dann die entsprechenden Teile des Systems zu ermitteln – d.h., der Ausgangspunkt einer Anforderung wird aufgesucht und das System wird manuell durchgearbeitet, um sicherzustellen, daß es alles ausführt, was die Anforderung verlangt. Wichtig ist hier die Feststellung, daß einige Anforderungen im Ablauf nicht sichtbar sein werden (zum Beispiel die Fähigkeit, mehr als 3000 Videobänder zu verarbeiten). In solchen Fällen muß der Designer besondere Sorgfalt darauf verwenden, sicherzustellen, daß diese Anforderung berücksichtigt wird, und der Tester muß dafür sorgen, daß diese Anforderung bei der frühestmöglichen Gelegenheit getestet wird.

(E) Definition der Einzelspezifikationen (Modulspezifikation)

Modulspezifikationen enthalten Einzelheiten über Ein- und Ausgaben und über die Verarbeitungsschritte, die notwendig sind, um Eingaben in Ausgaben umzuwandeln. In diesem Buch verwenden wir Modulspezifikationen in natürlicher Sprache, die zwar die gebräuchlichsten, aber auch die problematischsten sind. Sie sind die gebräuchlichsten, weil die meisten Menschen es immer noch einfacher finden, etwas in natürlicher Sprache auszudrücken statt in einer der zahlreichen (und weiter zunehmenden) formalen Spezifikationssprachen (z.B. Z [Abrial 1972] oder VDM [Jones 1986]). Sie sind die problematischsten, weil die natürliche Sprache voller Mehrdeutigkeiten ist (ein Thema, das wir im nächsten Kapitel näher erörtern) und sich nicht dazu eignet, die geplante Funktionalität eines Objekts auszudrücken.

Modulspezifikationen befinden sich auf einer der niedrigeren Abstraktionsebenen des Entwurfsstadiums. Zuvor war die Verarbeitungslogik sehr verschwommen; viele Einzelheiten waren nur implizit erkennbar oder mußten vom Entwickler abgeleitet werden (eine weitere wichtige Fehlerquelle). Eine Modulspezifikation stellt die Verarbeitung auf einer Ebene stärkerer Verfeinerung dar. Auf dieser Ebene müssen alle Informationen vorhanden sein, die ein Programmierer benötigt, um die Lösung in einer ausführbaren Form zu implementieren. Es ist eine sehr schwierige Aufgabe, dafür zu sorgen, daß die Spezifikation die richtige Menge an Informationen enthält. Bleibt sie zu knapp, bedeutet das, daß der Programmierer möglicherweise zu viel ableiten muß (und dabei eine mögliche Fehlerquelle schafft). Eine Modulspezifikation zu detailliert zu gestalten, bedeutet Zeitverschwendung und die unvermeidliche Einführung von Elementen, die eigentlich in den Bereich der Lösungen gehören und die Ideen des Programmierers beeinflussen könnten. Dies kann wiederum zu einer schlechten oder unkorrekten Lösung führen (diese ist die Abstraktionsebene des Programmierers; die Modulspezifikation sollte sich damit nicht befassen, da die Lösung nicht zum Fachgebiet desjenigen gehört, der die

Modulspezifikation erstellt; außerdem könnte daraus eine ernsthafte Demotivierung der Programmierer resultieren, weil sie sich nicht mehr gefordert fühlen).

Hier hat das Testen deshalb eine zweifache Funktion. Erstens muß es sicherstellen, daß alle für die Implementierung einer Lösung benötigten Informationen vorhanden sind (dies bedeutet, daß alle benötigten Dateien benannt und daß die gewünschte Funktion des Moduls festgelegt wurde). Zweitens sollte das Testen sicherstellen, daß die Information die richtige Funktion spezifiziert (d.h., daß sie tatsächlich die Eingaben in die Ausgaben umwandelt).

Sofern die Modulspezifikation nicht in einer ausführbaren Form vorliegt, ist das Testen der Modulspezifikationen größtenteils eine manuelle Tätigkeit. Walktroughs und Reviews sind der beste Weg, festzustellen, daß die benötigten Informationen vorhanden sind und daß die gewünschte Aufgabe ausgeführt wird. Alle Modulspezifikationen können der Reihe nach überprüft werden, um zu testen, ob sie aus den jeweiligen Eingaben die gewünschten Ausgaben erzeugen (es handelt sich also um eine korrekte Abstraktion der logischen Verarbeitung). Ferner können die im vorhergehenden Kapitel beschriebenen Tests der Anforderungen als Schreibtischtests für das vollständig spezifizierte System vorgenommen werden.

5.4 Entscheidungstabellen

Die Theorie und die praktische Anwendung von Entscheidungstabellen wurde bereits mehrfach anschaulich beschrieben (Hurley 1983). Was wir hier in unserem Rahmen darzustellen versuchen, ist, wie sie beim Testen verwendet werden und in welcher Form Tester sie für ihre Arbeit nutzen können.

Entscheidungstabellen sind besonders geeignet, die Verarbeitung innerhalb von Systemen zu beschreiben, die eine große Zahl von Ein- und Ausgaben (oder Ursachen und Wirkungen, Bedingungen und Aktionen, Stimuli und Reaktionen etc.) aufweisen. Es gibt sie in vielen Formen; in ihrer einfachsten Ausführung dienen sie jedoch lediglich dazu, die mit den verschiedenen Eingaben verbundenen Ausgaben zusammenzufassen. Jede Spalte in der Tabelle repräsentiert einen anderen Fall (Kombination von Ein- und Ausgaben). Die Einträge in der Spalte legen fest, welche der Ein- und Ausgaben wahr sind (eine „1" steht für wahr oder vorhanden, eine „0" für falsch oder nicht vorhanden).

Anhand des Problems „Master-Datei/Transaktions-Datei" läßt sich der Gebrauch einer Entscheidungstabelle veranschaulichen.

Die Eingaben (oder Stimuli) sind:
(1) Masterdatensatz
(2) Transaktionsdatensatz

Die Ausgaben (oder Reaktionen) sind:
(1) Reportdatensatz
(2) aktualisierter Masterdatensatz
(3) Fehler-Report.

Die Konstruktion der Entscheidungstabelle ist in Abb. 2 dargestellt.

```
                          Regeln
                       1    2    3
                      ------------------
              1     |  1  |  1  |  0  |
  Eingaben         ------------------
              2     |  0  |  1  |  1  |
                      ------------------

                      ------------------
              1     |  1  |  1  |  0  |
                      ------------------
  Ausgaben    2     |  0  |  1  |  0  |
                      ------------------
              3     |  0  |  0  |  1  |
                      ------------------
```

Abb. 2 Entscheidungstabelle

Wichtig ist, daß die obige Entscheidungstabelle mehr Information erkennen läßt als das Ein-/Ausgabe-Diagramm. In der Entscheidungstabelle ist explizit festgelegt, welche zulässigen Eingabe-Kombinationen die verschiedenen Ausgaben hervorbringen. Bei dem Diagramm dagegen wird nicht deutlich, daß die Kombination von Masterdatensatz und Transaktionsdatensatz ein logisches UND ist (obwohl es möglich ist, diese Information hinzuzufügen). Entscheidungstabellen können außerdem durch mehr Informationen wie die Aufnahme von mehr Ein- und Ausgaben (Darstellung von IF-Anweisungen etc.) erweitert werden und dadurch mehr Informationen für das Testen bereitstellen (um den vorherzusehenden Preis größerer Komplexität).

Wenn die Entscheidungstabelle vollständig ist, ist die Definition von Testfällen und zu erwartenden Ausgaben nicht mehr schwierig. Jede Spalte oder Regel repräsentiert einen Testfall, so daß es lediglich eine Frage der Interpretation der Ein- und Ausgaben ist, zu den tatsächlichen Testdaten zu gelangen.

In dem oben beschriebenen Fall beispielsweise erfordert Regel 1 einen Masterdatensatz ohne einen Transaktionsdatensatz, um nur einen Reportdatensatz zu erzeugen. Regel 2 kombiniert je einen Master- und Transaktionsdatensatz, um einen aktualisierten Master- und einen Reportdatensatz hervorzubringen. Regel 3 erfordert lediglich einen Transaktionsdatensatz, ohne Vergleich mit einem Masterdatensatz, um einen Fehlerreport hervorzubringen.

Man kann leicht erkennen, wie Entscheidungstabellen einen präzisen und knappen Weg bieten, Testfälle darzustellen, die durch das fertige System ausgeführt oder durch einen Schreibtischtest des Entwurfs überprüft werden können.

5.5 Anwendung auf die Fallstudie

Es wäre äußerst schwierig, den Ablauf eines Review-Prozesses durch ein Beispiel zu erläutern; dies sei daher dem Leser überlassen. Wir zeigen nun die Anwendung der Entscheidungstabellen-Methode auf eine Untermenge der Fallstudie (s. Abb. 3).

Um diese Tabelle in Testfälle umzusetzen, braucht man lediglich jede Spalte von oben nach unten durchzuarbeiten; die Eingaben und Bedingungen werden in Daten und die Ausgaben und die Verarbeitung in erwartete Ergebnisse übersetzt.

Der Eingabe-Testfall für Spalte eins ist beispielsweise eine Filmausleihanforderung mit Mitgliedsnummer (noch gültig), Filmnummer (im Bestand vorhanden) und Rückgabedatum. Die Ausgabe ist die Herstellung einer Verbindung zwischen Film und Kunde, eine Verminderung der Zahl der verfügbaren Filme um eins und eine Bestätigung des Rückgabedatums.

Spalte zwei enthält die Nachfrage nach einem Film mit einer nicht mehr gültigen Mitgliedskarte. Die entsprechende Ausgabe muß lauten „Mitgliedschaft abgelaufen".

In dieser Weise werden Tests und erwartete Ergebnisse für die gesamte Entscheidungstabelle definiert. Diese können dann ähnlich wie die Tests der Anforderungen benutzt werden. Sie können als Schreibtischtest durch die Verfeinerungsstufen des Entwurfs hindurch oder nach der Implementierung ausgeführt werden. In beiden Fällen kann die errechnete oder abgeleitete Ausgabe anhand der erwarteten Ausgabe in der Entscheidungstabelle überprüft werden.

Filmausleihanforderung Dekrementiere   Verbinde Film
Mitgliedsnummer   Verfügbare Filme   und Kunde
Filmnummer
Rückgabedatum   ├─ Heutiges > Ablaufdatum ────── „Mitgliedschaft abgelaufen -
                                                          Keine Filme ausgeliehen"

                        └─ Keine Filme ───────────────── „Film nicht verfügbar".
                           im Bestand

Filmrückgabe-Anford.   Inkrementiere   Film-Kunde-Verbindung-
Film-Nummer   Verfügbare Filme   aufgehoben
                                                          Rückgabe-Datum

                        └─ Heutiges > Rückgabe-Datum ─ „Film überfällig"

Nachstehend die Entscheidungstabelle für diesen Teil des Systems:

Filmausleih-Anforderung	1	1	1	0	0	
Filmrückgabe-Anforderung	0	0	0	1	1	
Mitgliedsnummer	1	1	1	1	1	
Filmnummer	1	0	1	1	1	
Rückgabedatum	1	0	0	1	1	
Heutiges > Ablaufdatum	0	1	0	0	0	
Keine Filme im Bestand	0	0	1	0	0	
Heutiges > Rückgabedatum	0	0	0	0	1	
Dekrementiere verfügbare Filme	1	0	0	0	0	
Verbinde Film und Kunde	1	0	0	0	0	
„Mitgliedschaft abgelaufen – "	0	1	0	0	0	
„Film nicht verfügbar"	0	0	1	0	0	
Inkrementiere verfügbare Filme	0	0	0	1	1	
Trenne Film und Kunde	0	0	0	1	1	
Rückgabedatum	1	0	0	1	1	
„Überfälliger Film"	0	1	0	0	1	

Abb. 3 Entscheidungstabelle für die Fallstudie

5.6 Zusammenfassung

Der Leser dürfte nun eine Vorstellung davon haben, welche Probleme mit dem Testen in den Entwurfsphasen verbunden sind. Entwurf ist nicht nur ein Prozeß der Verfeinerung, sondern auch der Abstraktion, in dessen Verlauf Wünsche und Ideen in Form einer konkreten Lösung verwirklicht werden. Zu diesem Zweck muß der Designer Informationen beisteuern, und diese zusätzlichen Informationen müssen getestet werden, um sicherzustellen, daß sie mit den Ideen, von denen sie abstrahiert wurden, übereinstimmen. Um es noch einmal zu wiederholen: die hier investierte Mühe wird sich im Hinblick auf Überschaubarkeit und Kosten mehrfach auszahlen, weil sie die Zahl der tiefsitzenden Fehler vermindert. Wir haben uns in diesem Kapitel mit einer sehr informellen Entwurfsmethode befaßt. Es gibt eine Reihe stärker formalisierter Methoden, die gut dokumentiert sind (zum Beispiel JSD, s. Jackson 1983). Solche Methoden haben in der Regel für einige Phasen eigene Kontrollverfahren. Dennoch lassen sich die in diesem Kapitel dargestellten Prinzipien anwenden. Wesentlich für den Tester ist, ständig im Hinterkopf zu behalten, was schiefgehen kann und wo Fehler ins System eingebaut werden können; er muß bei jeder sich bietenden Gelegenheit Kontrollen und Tests durchführen.

Kapitel 6
Funktionstest

6.1 Einleitung

Funktionstest bedeutet, ein Programm anhand der Spezifikation zu testen; die interne Funktionsweise des Programms wird dabei außer acht gelassen. Der Funktionstest wird deshalb auch als Black-Box-Test bezeichnet (das Programm wird als Black Box betrachtet, deren Funktionalität durch Beobachten der Ausgaben zu den entsprechenden Eingaben überprüft wird).

Durch den Funktionstest soll überprüft werden, ob das richtige Produkt erstellt wurde (und nicht, ob das Produkt richtig erstellt wurde − s. Kap. 7). Die Tests werden lediglich auf der Grundlage der Programmspezifikation konzipiert; man läßt sie vom Programm ausführen und beobachtet die Ergebnisse. Falls ein Ergebnis vom erwarteten abweicht, liegt ein Fehler im Programm vor; dies bedeutet, daß nicht das richtige Produkt erstellt wurde.

6.2 Das Problem

Ein Funktionstest scheint im Prinzip recht einfach und effektiv zu sein. Wie bei allen Tests sind damit jedoch eine Menge Schwierigkeiten und Probleme verbunden. Die meisten Programmierer dürften der Ansicht sein, daß sie ihre Programme einem Funktionstest unterziehen; wenn man sie allerdings fragt, mit welcher Methode sie ihre Testdaten auswählen, erhält man sehr oft unweigerlich zur Antwort: „mit keiner". In den meisten Fällen werden entweder beliebig ausgewählte Werte eingegeben, oder man läßt das Programm mit einer Kopie einer existierenden Datei laufen. Obwohl dies zunächst akzeptabel erscheinen dürfte, braucht man sich die Tätigkeit des Funktionstests nur kurz vor Augen zu führen, um sich über die Schwächen dieser Methode klar zu werden.

Manchmal wird fälschlicherweise angegeben, ein Programm sei „erschöpfend" ausgetestet worden. Damit ist gemeint, daß das Programm mit allen möglichen Kombinationen von Eingabewerten gelaufen ist, ungefähr so, wie man auch Elektronik-Hardware testen würde. Nehmen wir einmal folgenden Fall: Ein Programm liest zwei 8-Bit Integerzahlen als Eingabe. Dieses Programm erschöpfend zu testen, würde heißen, das Programm mit jeder möglichen Kombination der zwei Werte laufen zu lassen − $2^8 * 2^8$ verschiedene Tests. Wenn jeder dieser Tests in einer Sekunde ausgeführt würde (d.h., es würde 1 Sekunde dauern, über die Eingabedaten zu entscheiden, die erwartete Ausgabe zu berechnen, das Programm mit diesen Daten laufen zu lassen und die erzeugte mit der erwarteten Ausgabe zu vergleichen), dann würde es mehr als 18 Stunden dauern, dieses Programm zu testen. (Wären die Daten einige Bit länger, würde sich diese Testzeit in Größenordnungen bewegen, die dem Alter des Universums entsprechen.) Man kann sich also vorstellen, was geschieht, wenn die Daten nicht aus Integerzahlen, sondern aus Buchstaben bestehen würden. Die faktische Unmöglichkeit dieses Anspruches hat eine neue Definition des erschöpfenden Testens hervorgebracht: „Testen, bis der Tester erschöpft ist." Durch die mit Funktionstests einhergehenden kombinatorischen Probleme sind die Tester deshalb gezwungen, einen Kompromiß einzugehen und das Ziel etwas niedriger zu stecken.

Die Schwierigkeit, gewaltige Kombinationen von Testdaten handhaben zu müssen, ist nicht das einzige Problem, das sich beim Funktionstest ergibt. Wie eingangs bereits erwähnt, werden Funktionstests anhand der Modulspezifikation definiert. In den meisten Abhandlungen über das Testen sind die benutzten Beispiele fast immer wohldefiniert; sie sind in vielen Fällen algorithmisch, so daß die Mängel der meisten Modulspezifikationen gar nicht ans Licht kommen. Die einem durchschnittlichen Programmierer übergebene durchschnittliche Modulspezifikation ist jedoch in den meisten Fällen sehr problematisch.

Eine Modulspezifikation hat den Zweck, eine klare, präzise und unzweideutige Beschreibung der zu implementierenden Funktion zu liefern. Dies läßt sich in der Praxis nur schwer verwirklichen. Eines der Probleme ist, daß die in einer nicht formalen Spezifikation benutzten Begriffe oft nicht definiert sind (nicht absichtlich − normalerweise mit der Vermutung, daß die Bedeutung offenkundig ist), so daß es dem Programmierer überlassen bleibt, wie er sie interpretiert (oder mißinterpretiert). Ein weiteres Problem ergibt sich aus dem Gebrauch der natürlichen Sprache. Erstens hat ihr Vokabular die Tendenz zur Mehrdeutigkeit. (Ein klassisches Beispiel ist das Wort „Pol". Ist damit ein geographischer Punkt gemeint, ein Teil eines Magneten, ein elektrotechnischer oder ein astronomischer Begriff?) Oft hilft der Kontext eines Wortes, seine Bedeutung zu klären; das ist jedoch nicht immer der Fall. Zweitens ist die natürliche Sprache nicht dazu geeignet, die gewünschte Funktion eines Objektes zu beschreiben; sie tendiert eher zur Beschreibung des gewünschten Verhaltens. Spezifikationen sind deshalb meist eine Schilderung dessen, was das Programm tun sollte. Dies führt unweigerlich zu Problemen mit dem Geltungsbereich von „ifs" und mit kombinierten „ands" und „ors".

Die übergroße Mehrzahl der Methoden für Funktionstests geht von einer effektiven und problemlosen Feststellung der spezifizierten Funktionen aus und neigt zu der völlig falschen Vermutung, daß sich dies mühelos erreichen läßt. Im vorliegenden Kapitel werden einige „informelle" Methoden für Funktionstests behandelt, die größtenteils an anderer Stelle ausführlicher beschrieben sind. Wir stellen außerdem eine Methode für Funktionstests vor, die dabei helfen soll, die Mängel in Modulspezifikationen zu kompensieren; diese Methode stützt sich weit weniger als andere Methoden auf die Intuition des Testers. Wer Näheres darüber erfahren möchte, sei auf Howden (1981) sowie Roper und Smith (1988) verwiesen.

6.3 Die Lösung

In diesem Stadium, also beim Umsetzen der Modulspezifikation in die Implementierung, unterlaufen die meisten Fehler. Das soll aber nicht heißen, daß hier die einzige Fehlerquelle ist. Trotz aller ausgeführten Tests und Kontrollen werden Fehler auftreten, die bereits in frühen Stadien der Entwicklung in das Programm eingebaut wurden. Die Zahl dieser Fehler dürfte jedoch weitaus größer sein, wenn wir weniger rigorose Testmethoden anwenden.

Unsere erste Aufgabe ist es deshalb, alle Unbestimmtheiten und Mehrdeutigkeiten in der Modulspezifikation zu beseitigen und sie in eine Form zu übersetzen, aus der sich ohne große Mühe Tests herleiten lassen.

6.3.1 Neu formulieren der Modulspezifikation

Die Modulspezifikation kann unter Benutzung des folgenden Formats umgeschrieben werden:

Eingabe:

    .   } Schnittstelle

Verarbeitung:

    .

Ausgabe:

    .   } Schnittstelle

    .

Die Schnittstelle der Modulspezifikation (d.h., das, was an das Modul weitergegeben und was von ihm zurückgegeben wird) wird während des Entwurfes durch die Ablauflogik festgelegt. Der Verarbeitungsteil der Spezifikation ist eine Abstraktion − auf niedrigerer Ebene − dessen, was notwendig ist, um Eingaben in Ausgaben umzuwandeln. Auf diesen Teil müssen wir uns konzentrieren. Voraussichtlich können wir dabei alle oder zumindest einige der oben beschriebenen Mängel der Modulspezifikation aufdecken.

Bei der Neuformulierung der Modulspezifikation möchten wir den Geltungsbereich sämtlicher Anweisungen klären. Zu diesem Zweck kann ein einfacher Pseudocode benutzt werden. Die Syntax ist dabei unerheblich. Wichtig ist vor allem, daß der Geltungsbereich von Fallunterscheidungen und Schleifen ersichtlich ist und daß zusammengesetzte Bedingungen überschaubar sind.

Als nächster Schritt werden die Funktionen der Modulspezifikation neu formuliert; dabei werden nur folgende fünf Funktionstypen benutzt:

- Datenzugriff
- Datenspeicherung
- Arithmetischer Ausdruck
- Arithmetischer Vergleich
- Boolescher Ausdruck

Hierzu sind einige Erläuterungen erforderlich.

Datenzugriff

Eine Datenzugriffs-Funktion ist eine Funktion, die auf ein bestimmtes Datum zugreift. Dies geschieht beispielsweise durch Verweis auf die Variable, in der das Datum gespeichert ist. Beispiele für Datenzugriffs-Funktionen sind:

$$\text{Print}(x),$$
$$a := x$$

In beiden Fällen wird auf das in der Variable x enthaltene Datum durch Verweis auf den Variablen-Namen zugegriffen.

Datenspeicherung

Eine Datenspeicherungs-Funktion ist eine Funktion, die bestimmte Daten speichert. Nachstehend Beispiele für Datenspeicherungs-Funktionen:

$$\text{Read}(x),$$
$$x := a$$

In beiden Fällen werden in der Variable x bestimmte Daten gespeichert. Die Variable x wird verändert.

Arithmetischer Ausdruck

Arithmetische Ausdrücke sind Ausdrücke, die arithmetische Operatoren (+, −, *, Exponenten etc.) enthalten.

Arithmetischer Vergleich

Arithmetische Vergleiche haben die Form:

$$X \text{ r } Y$$

wobei r einer der Vergleichsoperatoren ist (<, >, =, <=, >=, <>), *X* und *Y* sind Konstanten bzw. Variablen oder das Ergebnis eines arithmetischen Ausdrucks. Das Ergebnis eines arithmetischen Vergleichs ist ein boolescher Wert. In einigen Sprachen ist es möglich, aus Buchstaben bestehende Daten in der gleichen Weise zu vergleichen. Obwohl solche Relationen als arithmetische Ausdrücke betrachtet werden können, führen sie bei der Auswahl von Testdaten, wie wir später sehen werden, zu Problemen.

Boolescher Ausdruck

Boolesche Ausdrücke kombinieren boolesche Operanden mit booleschen Operatoren (AND, OR, NOT), um ein boolesches Ergebnis hervorzubringen.

Beim Umformulieren der Modulspezifikation mit Hilfe dieser fünf Funktionen ist zu beachten, daß sie sehr oft kombiniert benutzt werden. So umfaßt beispielsweise die Anweisung:

$$x := y * 2$$

die Funktionstypen Datenzugriff, Datenspeicherung und arithmetischer Ausdruck.

6.3.2 Definieren von Tests anhand der Modulspezifikation

Nachdem wir die Modulspezifikation in dieser Form ausgedrückt haben, können wir sie als nächstes durchgehen, um Testdaten zu gewinnen und die erwarteten Ergebnisse zu berechnen. Wir nehmen uns dabei jeden der Funktionstypen vor und überlegen, was bei seiner Umsetzung von der Spezifikation in die Implementierung schiefgehen könnte; die Testdaten wählen wir so aus, daß solche Fehler (oder die größtmögliche Untermenge von ihnen) entdeckt würden.

Wir wenden uns nun wieder der Reihe nach jedem dieser Funktionstypen zu.

Datenzugriff

Ein möglicher Fehler bei der Implementierung von Datenzugriffs-Funktionen ist der Gebrauch falscher Variablen-Namen, z.B.:

> Print(y) statt
> Print(x).

Die Folge wäre, daß auf die falschen Daten zugegriffen wird. Die einzige Möglichkeit, diesen Fehler überhaupt zu entdecken, wäre, sicherzustellen, daß alle Datenzugriffsfunktionen individuelle Werte hätten. Dies bedeutet, daß jeder Variablen in der Modulspezifikation, die an einer Datenzugriffsfunktion beteiligt ist, ein Wert zugewiesen werden muß, der von keiner anderen angenommen wird. Falls beispielsweise zwei Variablen vertauscht werden, besteht dann nicht mehr die Gefahr, daß sie zufällig den gleichen Wert aufweisen und der Fehler deshalb unentdeckt bleibt.

Datenspeicherung

Ein Fehler bei einer Datenspeicher-Funktion wird ebenfalls mit dem Gebrauch eines falschen Variablen-Namens verbunden sein. Seine Konsequenzen unterscheiden sich jedoch geringfügig von denen eines Fehlers in einer Datenzugriffs-Funktion. Betrachten wir z.B. eine einfache Zuordnungs-Anweisung (die sowohl die Funktionen Datenzugriff als auch Datenspeicherung umfaßt):

$$a := b$$

Falls der Datenzugriff fehlerhaft ist, wäre der Wert von b unkorrekt; die Folge wäre, daß zum Schluß a einen falschen Wert enthalten würde (also falscher Wert, richtige Variable). Ein Fehler in der Funktion Datenspeicherung würde bedeuten, daß a unkorrekt war und daß dadurch die korrekten Daten in der unkorrekten Variable landen würden (also falsche Variable, richtiger Wert).

Um Datenspeicherungsfunktionen adäquat testen zu können, muß man sich unbedingt vergewissern, daß sich ihr vorheriger Wert geändert hat. Die Forderung lautet also, daß alle Datenspeicherungsfunktionen zu neuen Werten führen müssen. Nun kann der Fall auftreten, daß der neu berechnete Wert mit dem alten Wert übereinstimmt. Nehmen wir einmal das folgende Fragment aus einer Modulspezifikation:

> read Zahl
> read Name
> if Zahl = 6 and Name = „Fred" then ...
> if Zahl = 6 and Name = „Jane" then ...

In diesem Fall muß Zahl für zwei Testläufe den Wert 6 annehmen (einen, wo Name = „Fred" und einen, wo Name = „Jane" ist). Um sicherzugehen, daß „read Zahl" zuverlässig getestet ist, müssen wir neben den beiden beschriebenen einen dritten Testfall ausführen, bei dem Zahl ungleich 6 ist. Das stellt in diesem Zusammenhang kein Problem dar (da für Zahl ungleich 6 der notwendige Test vorhanden ist); es könnte aber auch eine Situation auftreten, in der ein Testfall konstruiert werden muß, um eine Datenspeicherfunktion zuverlässig zu testen. Eine entsprechende Situation kann bei der Funktion Datenzugriff auftreten. Wenn sich dieses Problem absolut nicht umgehen läßt, bleibt Ihnen nichts anderes übrig, als zu akzeptieren, daß die Funktion nicht zuverlässig getestet werden kann.

Arithmetische Ausdrücke

Arithmetische Ausdrücke bringen beim Testen die meisten Schwierigkeiten mit sich (einzig und allein wegen der Zahl der Fehler, die sie enthalten können und die möglicherweise unentdeckt bleiben). Ein besonders tückischer arithmetischer Fehler ist das zufällig richtige Ergebnis. Nehmen wir folgendes Beispiel. In einer Spezifikation wird verlangt, daß folgende Berechnung durchzuführen ist:

$$a := b * (c + 2)$$

was unkorrekt implementiert wird als:

$$a := b * c + 2$$

Der Tester, der weiß, daß b und c nur einmal existierende Werte haben dürfen, weist ihnen willkürlich die Werte 1 bzw. 2 zu und vergewissert sich, daß das Ergebnis so aussehen wird, daß a einen neuen Wert annimmt. Das erwartete Ergebnis ist $1 * (2 + 2)$, also der Wert 4. Wenn das Programm läuft, ist das tatsächliche Ergebnis ebenfalls 4 ($1 * 2 + 2$), so daß keine Zweifel an der Richtigkeit aufkommen. Fast alle anderen beliebig gewählten Werte hätten diesen Fehler jedoch ans Licht gebracht. White (1985) gibt einige interessante Beispiele für Fehler, die durch zufällig korrekte Testergebnisse unentdeckt bleiben.

Um dieses Problem zu vermeiden, werden an arithmetische Ausdrücke bestimmte Anforderungen gestellt. Erstens darf das Ergebnis nicht Null sein (außer natürlich, wenn Null als Ergebnis erforderlich ist). Zweitens darf keine der Variablen den Wert Null erhalten. Drittens müssen für jeden Ausdruck mindestens zwei Tests definiert werden. Beim ersten Test müssen die Werte wie im obigen Beispiel beliebig sein. Beim zweiten werden die beliebig ausgewählten Werte inkrementiert. Ein weiterer Test kann ausgeführt werden, indem komplementäre Werte genommen werden (falls die Umstände es zulassen). Dieses Vorgehen ist adäquat für die Entdeckung aller einfachen Additions- oder Multiplikationsfehler; man muß jedoch beachten, daß sich in komplexeren Berechnungen immer noch Fehler verbergen können.

Arithmetische Vergleiche

Bei arithmetischen Vergleichen können zwei Arten von Fehlern vorkommen. Zum einen kann der falsche Vergleichsoperator benutzt werden. $X > Y$ könnte z.B. fälschlicherweise als $X < Y$ codiert worden sein. Um dies durch einen Test zu überprüfen, ist es notwendig, X und Y solche Werte zuzuweisen, daß X größer als Y, kleiner als Y und gleich Y ist. Fehler dieser Art werden als „Vergleichsoperator-Fehler" bezeichnet.

Die zweite Art von Fehlern ist, daß X r Y (wobei r einer der Vergleichsoperatoren ist), fälschlicherweise als $(X + e)$ r Y codiert wurde. Auf einer Seite der Relation ist also unkorrekterweise eine Konstante eingeführt worden (oder auf beiden Seiten – es wird jedoch auf einer erkennbar werden, falls sie nicht identisch sind). Dieser Fehler wird als „Konstanten-Fehler" bezeichnet. Um solche Fehler durch einen Test entdecken zu können, benutzen wir eine Formalisierung der Grenzwertanalyse (eine informelle Test-Technik, die in den meisten Lehrbüchern beschrieben wird).

Zuverlässige Tests für die Relation X r Y werden in folgenden Schritten konzipiert:

(1) Falls r $>$ oder $<=$ ist:

Entwerfen Sie Tests für den kleinsten Wert von X größer Y (d.h., $X - Y$ ist minimal und > 0) und den kleinsten Wert von X kleiner oder gleich Y (d.h., $X - Y$ ist maximal und $<= 0$).

(2) Falls r $<$ oder $>=$ ist:

Entwerfen Sie Tests für den kleinsten Wert von X kleiner Y (d.h., $X - Y$ ist maximal und < 0) und den kleinsten Wert von X größer oder gleich Y (d.h., $X - Y$ ist minimal und $>= 0$).

(3) Falls r $=$ oder $<>$ ist:

Entwerfen Sie Tests für $X = Y$.

Dies läßt sich vielleicht am ehesten durch ein Beispiel veranschaulichen. Nehmen wir das folgende Fragment einer Spezifikation:

if $A + 6 > B$ then ...

was, aus welchen Gründen auch immer, so codiert wurde:

if $A + 7 > B$ then ...

Entsprechend unseren Regeln müssen wir Tests für den kleinsten Wert von X ($A + 6$) größer Y (B) und den kleinsten Wert von X kleiner oder gleich Y entwerfen. Angenommen, wir weisen nun B den Wert 10 zu, dann muß A die Werte 5 und 4 erhalten (was entsprechend unserer Spezifikation zu dem Ergebnis „wahr" bzw. „falsch" führt). Wenn wir den implementierten Code jedoch mit diesen Daten ablaufen lassen, werden wir feststellen, daß in beiden Fällen das Ergebnis „wahr" herauskommt und der Fehler somit entdeckt worden ist. Die gleichen Grundsätze gelten für Gleitkomma-Daten (oder jeden anderen Typ von arithmetischen Daten) – der Tester muß sicherstellen, daß die Testdaten für den kleinsten Wert von *e* zuverlässig sind.

Während diese Methode bei arithmetischen Vergleichen funktioniert, bringen Vergleiche, bei denen Buchstaben im Spiel sind, mehr Schwierigkeiten mit sich. In manchen Fällen ist es möglich, vom ordinalen Wert auszugehen, aber das hängt davon ab, wie die Buchstaben-Daten gespeichert sind. Dies ist einer der Bereiche, wo der Tester entscheiden muß, welche Tests er für die geeignetsten und zuverlässigsten hält.

Boolesche Ausdrücke

Um boolesche Ausdrücke zuverlässig testen zu können, ist es notwendig, alle möglichen Kombinationen von TRUE und FALSE zu erzeugen. Bei dem booleschen Ausdruck *X* bop *Y* beispielsweise, bei dem bop der boolesche Operator ist und *X* und *Y* Ausdrücke sind, die boolesche Ergebnisse (d.h., arithmetische Vergleiche oder andere boolesche Ausdrücke) hervorbringen, würden notwendigerweise folgende Kombinationen von Tests erzeugt werden:

```
      X     Y
     ---------
      W     W
      W     F
      F     W
      F     F
```

Man kann sich leicht vorstellen, daß dies zu einer großen Zahl von zu erzeugenden Testfällen führen kann. Die Zahl der Testfälle läßt sich verringern, indem man den Kompromiß macht, daß die Tests für diesen Ausdruck nicht zuverlässig sind und daß ein Fehler unentdeckt bleiben kann! Ein solcher Kompromiß mag lächerlich erscheinen, aber die Einstellung zum Testen (und das Kosten-/Zeit-Budget, das sich auf diese Einstellung auswirkt) hat nicht selten eine derartige Entscheidung zur Folge.

Nachdem für die obigen Funktionstypen Testdaten gewonnen und die erwarteten Ergebnisse berechnet sind, besteht eine letzte Notwendigkeit für die Definition von Tests aufgrund der Modulspezifikation. Jede Schleife muß 0, 1 und 2 Mal ausgeführt und jeder Zweig der Fallunterscheidung muß durchlaufen werden.

6.4 Weitere Forschungsgebiete

Die Zahl der effektiven Werkzeuge und Techniken für Funktionstests ist klein. Nachstehend stellen wir kurz einige Forschungsergebnisse vor, mit denen sich der interessierte Leser vielleicht näher beschäftigen möchte.

Zu den herkömmlichen entwurfsbasierten Techniken des Funktionstests gehören die Überprüfung einer (üblicherweise informalen) Spezifikation und die Ausführung einiger „guter Testpraktiken", wie sie etwa Myers (1979) oder Redwine (1983) beschreiben. Bei der Äquivalenzklassenbildung beispielsweise wird der Eingabebereich in Äquivalenzklassen unterteilt; man kann davon ausgehen, daß der Test eines für eine Klasse repräsentativen Wertes zum Test jedes anderen Wertes äquivalent ist. Zum Bilden von Äquivalenzklassen gibt es keine andere Methode als die, die Spezifikation nach Schlüsselworten und -phrasen zu durchforsten und dann gültige und ungültige Äquivalenzklassen für jede dort entdeckte Bedingung festzulegen. Auch Ausgabeäquivalenzklassen können berücksichtigt werden.

Grenzwertanalyse (Myers 1979) ist mit der Bildung von Äquivalenzklassen verwandt. Die ausgewählten Testdaten sollten sowohl innerhalb jeder Eingabeklasse als auch an der Grenze jeder Eingabeklasse liegen. Außerdem sollten Eingabedaten ausgewählt werden, die sowohl Ausgaben ergeben, die in die Ausgabeklasse fallen, als auch solche, die sich an der Grenze der Ausgabeklasse befinden.

Ein codebasierter Funktionstest umfaßt die Anwendung solcher Techniken wie Grenzwertanalyse zusammen mit fehleranfälligen Heuristiken, die oft im gleichen Maße auf Intuition und Erfahrung wie auf fundierten theoretischen Grundlagen beruhen. Obwohl es sich hier streng genommen nicht um eine Methode des Funktionstests handelt, da die Tests nicht anhand der Modulspezifikation definiert werden, werden dabei die elementaren Funktionen, wie sie im Code implementiert sind, getestet. Dieses Verfahren wurde von Howden (1981) in gewissem Maße formalisiert, indem er festlegte, unter welchen Umständen die Testdaten für die in Programmen vorkommenden Anweisungstypen empfindlich sind (d.h., Fehler finden). Diese Grundsätze wurden in ein Software-Werkzeug eingebaut, das Girgis und Woodward (1983) beschreiben.

Ursache-Wirkung-Graphen (Elmendorf 1973) umfassen die Analyse der Programmspezifikation, um ihre Auswirkungen auf verschiedene Eingaben zu bestimmen. Die Ergebnisse der Analyse werden in einem Graphen zusammengefaßt, der Ursachenkombinationen mit den entsprechenden Wirkungen verbindet. Mit Hilfe dieses gerichteten Graphen wird eine begrenzte Entscheidungstabelle erstellt. Auf diese Entscheidungstabelle werden Reduktionstechniken angewendet und anschließend Testfälle ausgewählt, um jede Spalte der Tabelle auszuführen. Die Verwendung von Ursache-Wirkung-Graphen ist insoweit vielversprechend, als dabei Kombinationen von Bedingungen überprüft werden; sie ist in der Praxis jedoch schwer zu handhaben, da der Graph schnell sehr groß und unhandlich wird. Genau wie die Untergliederung in Äquivalenzklassen ist die Festlegung der Ursachen anhand der Modulspezifikation eine nicht gerade einfache Angelegenheit.

Ein etwas stärker formalisierter Ansatz ist Howdens entwurfsbasierter Funktionstest (Howden 1980 und 1986). Unter Entwurfsfunktionen werden Funktionen verstanden, die erforderlich sind, um Anforderungen zu implementieren; sie können wiederum aus anderen Entwurfsfunktionen zusammengesetzt sein (ein Programm wird also nicht als ein monolithischer Block, sondern als hierarchisch aufgebaute Synthese kleinerer Entwurfsfunktionen betrachtet [Howden 1985]). Die Funktionen werden nach dem Kriterium ausgewählt, daß sie unabhängig voneinander getestet werden können. Dann werden Daten ausgewählt, um jede dieser Funktionen einzeln – eventuell in Verbindung mit dem Code selbst – und die Kombination von Funktionen zu testen.

Bereichsanalyse oder Untergliederung in Unterbereiche (Brown 1975, Richardson 1981) ist ein Beispiel für eine „hybride" Methode, da es strukturelles und funktionales Testen kombiniert. Der Eingabebereich eines Programms wird in Äquivalenzklassen von Daten unterteilt, welche entsprechend der Programmspezifikation in gleicher Weise behandelt werden müssen. Dann wird der Eingabebereich erneut in Äquivalenzklassen unterteilt (beispielsweise durch symbolische Ausführung), die von dem konkreten Programm in der gleichen Weise behandelt werden. Diese Unterteilung liefert eine Reihe von Unterbereichen, aus denen Testdaten ausgewählt werden können.

Viele Wissenschaftler haben erkannt, wie schwierig es ist, Funktionstests anhand informaler Spezifikationen zu entwickeln, und sind deshalb zu formaleren Darstellungsformen übergegangen. Gerhard (1983) gewinnt aus einer informalen eine formale Spezifikation (basierend auf der systematischen Ableitung komplementärer Spezifikationen [Veloso 1981]) und validiert die Anforderungen im Hinblick darauf. Bouge et al. (1986) definieren Testsätze anhand von algebraischen Datentyp-Spezifikationen und benutzen zur Unterstützung dieses Prozesses eine Erweiterung von Prolog. Probert, Skuce und Ural (1983) konstruieren eine an das Englische angelehnte Testfallspezifikation, entwickeln eine logische Programmimplementierung dieser Spezifikation in Prolog und führen diese dann aus, um Tests zu generieren. Die zwei Darstellungen der Spezifikation sind durch Querverweise verbunden, um sicherzustellen, daß sie miteinander korrespondieren. Dieser Ansatz wurde von Probert und Ural (1984) erweitert, um außer Testfallspezifikationen auch Intentionen, Spezifikationen in natürlicher Sprache und formale Spezifikationen einzubeziehen.

Bauer und Finger (1979) haben eine Technik zur Testfall-Erzeugung entwickelt, bei der eine geregelte, von einer funktionalen Spezifikation abgeleitete Grammatik benutzt wird. Die formale Spezifikation hat die Form eines endlichen Automaten (der in der Regel Online-Umgebungen bevorzugt), der sowohl Eingabe- als auch Ausgabesequenzen von Grammatiken generiert. Duncan und Hutchinson (1981) haben außerdem attributive Grammatiken benutzt (d.h., Grammatiken, die mit Information verbunden sind), um die Spezifikation oder die Implementierung vor dem Hintergrund der Spezifikation zu testen. Ihre Methode läßt sich auf eine größere Klasse von Programmen anwenden als jene, die nach dem Muster endlicher Automaten gestaltet sind.

Budd und Gopal (1985) haben die Technik des Programm-Mutations-Testens auf das Gebiet der Spezifikationen angewandt. Die Spezifikation wird in Form eines Prädikatenkalküls geschrieben (eine Notation, die gewählt wird, um die Ein-/Ausgabe-Beziehungen klarer aufzuzeigen). Dann werden in der Spezifikation Änderungen angebracht, und die Ergebnisse dieser Änderungen werden untersucht. Gannon, McMullin und Hamlet (1981) haben ein compilerbasiertes System zur Datenabstrahierung, Implementierung, Spezifikation und zum Testen (DAISTS) entwickelt. Das System DAISTS kombiniert eine Datenabstrahierungs- und Implementierungssprache durch algebraische Axiome mit der Spezifikation. Der Compiler, dem in den Axiomen und in dem implementierten Code zwei unabhängige syntaktische Objekte übergeben werden, kompiliert ein 'Programm', das sich aus dem einen als Testtreiber für den anderen zusammensetzt. Einzelne Daten in Form von Ausdrücken werden in das Programm eingegeben, um festzustellen, ob Implementierung und Axiome übereinstimmen. Das System DAISTS ist auf die Spezifikation von abstrakten Datentypen begrenzt. Zum Testen ist es erforderlich, daß jeder Ausdruck und Unterausdruck in der algebraischen Spezifikation mindestens zwei verschiedene Werte erhält. Weitere Methoden zur Ableitung spezifikationsbasierter Tests sind bei White (1985) beschrieben.

6.5 Anwendung auf die Fallstudie

In diesem Abschnitt befassen wir uns mit drei Spezifikationen aus der Fallstudie (P1, P3 und P6), um zu zeigen, wie sich die Methode des Funktionstests praktisch anwenden läßt.

Als erstes betrachten wir das Modul, das den Verleih von Filmen abwickelt:

P1 *Eingabe:*
      Mitgliedsnummer
      Filmnummer
      Rückgabedatum
    Verarbeitung:
      Überprüfen der Mitgliedsnummer auf
      Gültigkeit und Ablaufdatum
      Überprüfen, ob der Film verfügbar ist
      If Zahl der verfügbaren Filme > O
          Dekrementiere Zahl der verfügbaren Filme
      Stelle Verbindung zwischen Mitglied und Film
      in den Dateien „Ausleihende Mitglieder" und
      „Ausgeliehene Filme" her
    Ausgabe:
      „Mitgliedschaft abgelaufen – Keine Filme ausgeliehen"
      „Film nicht verfügbar"

Die Verarbeitung wird nachstehend neu formuliert. Die Zeilennummern sind eigentlich überflüssig; sie dienen lediglich der Orientierung.

Verarbeitung:

```
1   If Mitgliedsnummer nicht numerisch then stop Verarbeitung
2   If Ablaufdatum < aktuelles Datum then
3     print "Mitgliedschaft abgelaufen - Keine Filme ausleihbar"
4   If Zahl der verfügbaren Filme = 0 then
5     print "Film nicht verfügbar"
6   Stop Verarbeitung
7   Else
8     Begin
9       Verfügbare Filme := Verfügbare Filme - 1
10      Write Mitgliedsnummer, Filmnummer, Rückgabedatum to
11             Datei "Ausleihende Benutzer"
12      Write Filmnummer, Mitgliedsnummer, Rückgabedatum
13             to Datei "Ausgeliehene Filme"
14    End.
```

Ende der Verarbeitung

Wir können diese Spezifikation nun Zeile für Zeile durchgehen und die verschiedenen Funktionstypen sowie die notwendigen Funktionstests ermitteln. Dabei ist zu beachten, daß die Qualität der so erarbeiteten Testdaten von der Qualität der neu formulierten Spezifikation abhängt. Eine knappe Spezifikation wird nicht viele Testdaten ergeben, eine detailliertere dagegen schon — man muß sich aber davor hüten, sich zu nahe an den Bereich der Lösung zu begeben.

Folgende Funktionstests wurden aus diesem Teil der Spezifikation gewonnen:

Zeile 1

„Mitgliedsnummer nicht numerisch" beruht auf einem Fehler des Vergleichsoperators und muß deshalb über die Vergleichsoperatoren = und < > getestet werden. Die Tests sind:

> Mitgliedsnummer numerisch,
> Mitgliedsnummer nicht numerisch.

Zeile 2

Bei der arithmetischen Relation „Ablaufdatum < aktuelles Datum" müssen sowohl die Vergleichsoperatoren als auch die Konstanten auf Fehler überprüft werden.

Die Fehlertests für die Vergleichsoperatoren müssen über den gesamten Bereich der Vergleichsoperatoren definiert werden; das heißt:

> Ablaufdatum < aktuelles Datum,
> Ablaufdatum = aktuelles Datum,
> Ablaufdatum > aktuelles Datum.

Die notwendigen Konstanten-Fehlertests sind diejenigen, die auf beide Seiten des Operators < fallen (innerhalb der Grenzen des Datentyps der Operanden); das heißt:

> Ablaufdatum = aktuelles Datum − 1,
> Ablaufdatum = aktuelles Datum.

Zeile 3

Keine Funktionstests außer denen, die sicherstellen, daß dieser Teil der If-Bedingung ausgeführt wird (was durch die obigen Tests gewährleistet wird).

Zeile 4, 5 und 6

> If Zahl der verfügbaren Filme = 0 then
>   print „Film nicht verfügbar"
>   stop Verarbeitung

Die Tests für den Vergleichsoperator erfordern, daß Tests über die größtmögliche Untermenge von <, = und > definiert werden. In diesem Fall kann nur über = und > getestet werden, da eine negative Anzahl verfügbarer Filme theoretisch unmöglich ist. Dennoch empfiehlt es sich, auch eine negative Zahl zu testen, um festzustellen, ob es auch in der Praxis unmöglich ist.

Der Konstanten-Fehlertest erfordert Tests über die gleichen Operatoren, aber mit konkreten Werten. In diesem Fall wird die Zahl der verfügbaren Filme über die Werte 0 und 1 getestet.

Schließlich ist noch sicherzustellen, daß die „If"-Anweisung sowohl „wahr" als auch „falsch" als Ergebnis haben kann. Dies wird durch die oben beschriebenen Tests ebenfalls erreicht.

In diesem Fall können also alle Tests mit Hilfe der Werte 0, 1 und −1 für die Zahl der verfügbaren Filme durchgeführt werden.

Zeile 9

Verfügbare Filme := Verfügbare Filme − 1

Dies ist ein arithmetischer Ausdruck und erfordert als solcher eine Wertzuweisung ungleich Null. Dabei ist zu beachten, daß Tests für andere Teile der Spezifikation erfordern, daß „verfügbare Filme" die Werte 0, 1 und −1 erhalten muß, was in einem Fall den Wert Null und in anderen (hoffentlich unmöglichen) Fällen negative Werte ergeben wird. Diese Tests werden deshalb diesen arithmetischen Ausdruck nicht adäquat testen, so daß es notwendig ist, 2 neue Werte zu wählen (um die Möglichkeit einer zufälligen Korrektheit auszuschließen), für die der Ausdruck nicht Null wird. Deshalb verwenden wir die Werte 3 und 2 als Anfangswert für „verfügbare Filme".

Zeilen 10 bis 13

Write Mitgliedsnummer, Filmnummer, Rückgabedatum to Datei „Ausleihende Benutzer"

Write Filmnummer, Mitgliedsnummer, Rückgabedatum to Datei „Ausgeliehene Filme"

Dies sind Fälle von Datenzugriffsfunktionen und erfordern deshalb individuelle Werte.

Außerdem sind Mitgliedsnummer, Filmnummer und Rückgabedatum zusätzliche Eingaben. Diese können als Datenspeicherfunktionen betrachtet werden und müssen deshalb entsprechend getestet werden, wobei sichergestellt wird, daß sie neue Werte enthalten (d.h., Werte, die von den Werten abweichen, die sie zuvor hatten). Dies wird jedoch durch die Anforderung ausgeschlossen, daß es einmalige Werte sein müssen. Das Ablaufdatum wird von der Mitgliederdatei gelesen und muß deshalb einen neuen Wert annehmen.

Auf diese Weise werden die Testdaten aufgebaut und gleichzeitig die Ausgabewerte für jede Funktion berechnet. Zusammengefaßt: Die aus der obigen Modulspezifikation abgeleiteten Anforderungen für Funktionstests sind:

Mitgliedsnummer numerisch
Mitgliedsnummer nicht numerisch

Ablaufdatum < aktuelles Datum   (Ablaufdatum =
   aktuelles Datum − 1)
Ablaufdatum = aktuelles Datum
Ablaufdatum > aktuelles Datum

verfügbare Filme = 0, 1, −1, 3, 2

Mitgliedsnummer, Filmnummer und Rückgabedatum sind jeweils individuelle Werte.

Wir sind nun in der Lage, die tatsächlichen Eingabedaten und die erwarteten Ergebnisse zu berechnen. Einige Daten werden ziemlich beliebig ausgewählt sein (beispielsweise die Filmnummer), da sie nur benötigt werden, um bestimmte Rahmenbedingungen einzuhalten (z.B. Individualität).

Die endgültigen Eingabedaten und die erwarteten Ergebnisse sehen deshalb so aus:

Testsatz 1

Eingabe:
Mitgliedsnummer = lauter „X"

Ausgabe:
Verarbeitung abgebrochen

Testsatz 2

Eingabe:
Mitgliedsnummer numerisch (z.B. 12345, obwohl die Größe des Feldes bisher noch nicht festgelegt wurde) Ablaufdatum = gestern

Ausgabe:
„Mitgliedschaft abgelaufen − Keine Filme verfügbar"

Testsatz 3

Eingabe:
Mitgliedsnummer numerisch.
Ablaufdatum = heute.
Verfügbare Filme = −1 (dies ist strenggenommen keine „Eingabe", kann aber als solche betrachtet werden)

Ausgabe:
Dies sollte unmöglich zu erreichen sein und sicherlich nicht darin resultieren, daß ein Film ausgeliehen wird; d.h., wir sollten die Nachricht „Film nicht verfügbar" erhalten, falls dieser Fall erzeugt werden kann.

Testsatz 4

Eingabe:
Mitgliedsnummer numerisch.
Ablaufdatum = morgen.
Verfügbare Filme = 0.

Ausgabe:
Film nicht verfügbar.

Testsätze 5 – 7

Eingabe:
Individuelle Mitgliedsnummern.
Ablaufdaten > aktuelle Daten.
Individuelle Filmnummern.
Verfügbare Filme = 1, 2 und 3.

Ausgabe:
„Verfügbare Filme" sollte dekrementiert werden.
Ausgabe (Filmnummer, Mitgliedsnummer, Rückgabedatum etc.) sollte mit der Eingabe korrespondieren.

Damit sind die Testdaten und die erwarteten Ergebnisse abgeschlossen.

Das vielleicht Überraschendste an der obigen Liste ist die Zahl der notwendigen Testläufe. Dies ist etwas, an das sich Tester gewöhnt haben, an das sich allerdings diejenigen, die das Testen bezahlen, noch gewöhnen müssen. Sehr oft kann man sich des Gefühls nicht erwehren, daß ein Testlauf ausreichen sollte, zwei das Budget übermäßig strapazieren und drei bereits völlig absurd sind. Selbstverständlich steht es einem umsichtigen Tester frei, möglichst viele Testläufe miteinander zu kombinieren; dabei muß jedoch gewährleistet sein, daß nicht einige Tests andere überdecken (als Beispiel: den Test für die Eingabe einer nicht-numerischen

1 Mitgliedsnummer mit dem für die Ausleihe von drei Filmen zu kombinieren, ist nicht besonders klug, da wir hoffen, daß die Verarbeitung terminiert, sobald eine nicht-numerische Mitgliedsnummer entdeckt wird).

Die beiden nachstehenden Spezifikationen demonstrieren einige der Möglichkeiten, denen wir beim Funktionstest bisher noch nicht begegnet sind.

P3 *Eingabe:*
      Filmnummer
  Verarbeitung:
      Suche Film-Datei
      Suche Datei Ausgeliehene Filme

Ausgabe:
      Filmtitel, Vorhandene Kopien, Verfügbare Kopien, Mitgliedsdaten von Ausleihern, Rückgabedaten

Der interessante Teil der obigen Spezifikation ist das Suchverfahren. Um dies zu veranschaulichen, nehmen wir an, daß wir uns dafür entschieden haben, eine sequentielle Datei zu benutzen (zugegeben, höchst unwahrscheinlich und unangemessen!). In der erweiterten Spezifikation wird aus „Suche Film-Datei":

    While Filmnummer nicht = Filmschlüssel-Feld
                read nächstes Record.

Ebenso wie die arithmetische Gleichheitsrelation getestet werden muß (was dem Leser nun keine Schwierigkeiten mehr bereiten dürfte), muß auch die „While"-Schleife getestet werden. Die Anforderung lautet, daß die Schleife 0, 1 und 2 Mal ausgeführt werden muß. Dies wird erreicht, indem der erforderliche Schlüssel für die drei Tests in die erste, zweite und dritte Record-Position plaziert wird.

P6 *Eingabe:*
      —
  Verarbeitung:
      Durchsuche Mitglieder-Datei nach Mitgliedschaften, die innerhalb von 30 Tagen ablaufen und bei denen kein Erinnerungs-Flag gesetzt ist. Setze Erinnerungs-Flag.
  Ausgabe:
      Mitglieder-Erinnerungs-Liste.

In der obigen Spezifikation begegnen wir dem letzten Typ elementarer Funktionstests — dem booleschen Ausdruck. Die Bedingung

„Mitgliedschaften, die innerhalb von 30 Tagen ablaufen und bei denen kein Erinnerungs-Flag gesetzt ist" könnte so ausgedruckt werden:

$$\text{Ablaufdatum} < \text{aktuelles Datum} + 30 \text{ and}$$
$$\text{Erinnerungs flag false.}$$

Auch hier ist es notwendig, Fehlertests für den arithmetischen Vergleich und für die Konstante durchzuführen; darüber hinaus muß aber auch der boolesche Ausdruck getestet werden. Die erforderlichen Kombinationen sind der folgenden Tabelle zu entnehmen:

Ablaufdatum < aktuelles Datum	*Erinnerungs flag false*
True	True
True	False
False	True
False	False

6.6 Zusammenfassung

Der Funktionstest ist eine unentbehrliche und wirksame Methode, um die Qualität einer Implementierung sicherzustellen. Ihr Erfolg hängt jedoch von zwei grundlegenden Dingen ab: daß aus einer Modulspezifikation Funktionen herausgearbeitet und daß für diese Funktionen zuverlässige Tests konzipiert werden. Bis heute sieht ein Funktionstest größtenteils so aus, daß der Programmierer eine informale Spezifikation durchgeht und Testdaten definiert, von denen er annimmt, daß mit ihrer Hilfe die Funktionsfähigkeit des Programms festgestellt werden kann (beide Aufgaben werden weitgehend ohne theoretische Überlegungen, was eine Funktion ist oder welche Daten benutzt werden sollten, ausgeführt. In diesem Kapitel haben wir eine Methode vorgestellt, mit deren Hilfe Funktionen ermittelt (durch die Konstruktion einer alternativen Modulspezifikation) und Testdaten definiert werden können, die die Implementierung dieser Funktionen zuverlässig testen. Inwieweit die Testdaten zuverlässig sind, wurde ebenfalls erörtert, so daß sich der Tester über die Grenzen dieser Methode im klaren ist. Darüber hinaus bietet die Alternativform der Spezifikation die Möglichkeit, die erwarteten Ausgaben zu berechnen und die tatsächlichen Ausgaben dann mit diesen Ergebnissen zu vergleichen. Ein weiterer Vorteil dieser Methode ist, daß sie auf jeder Abstraktionsebene von der Anforderungsdefinition bis zum Code benutzt werden kann.

Kapitel 7
Tests auf der Grundlage des Programmcodes – Strukturelles Testen

7.1 Einleitung

Strukturelles Testen konzentriert sich auf den implementierten Code; es ist eine Ergänzung zum funktionalen Testen. Aufgrund dieser ergänzenden Funktion wird es zuweilen auch als „White-Box-Testen" bezeichnet. Von der Testforschung wurde dem strukturellen Testen, das über eine weit größere Vielfalt an Methoden als das funktionale Testen verfügt, die meiste Aufmerksamkeit gewidmet. Der Grund dafür ist, daß sich das strukturelle Testen vergleichsweise leicht studieren läßt, da ja ein Testobjekt vorliegt, das untersucht werden kann. Das heißt jedoch nicht, daß strukturelles Testen einfach ist oder daß die Forschungen in diesem Bereich abgeschlossen sind.

7.2 Das Problem

Strukturelles Testen hat das Ziel, den Code mit einem bestimmten Grad an Gründlichkeit „abzudecken" bzw. „auszutesten" (d.h., jede Anweisung wird ausgeführt). Dahinter steckt die Überlegung, daß es völlig unsinnig wäre, ein Programm freizugeben, das ungeprüfte Anweisungen enthält – die Folgen könnten katastrophal sein. Dieses Ziel, sämtliche Anweisungen durch Tests zu erfassen (statement coverage), scheint auf den ersten Blick keine nennenswerten Probleme aufzuwerfen. Wie wir jedoch sehen werden, sind selbst einige der einfach anmutenden Ziele des strukturellen Testens schwieriger zu erreichen, als man vermuten würde.

Möglicherweise fragt sich mancher Leser, ob strukturelles Testen tatsächlich notwendig ist. Schließlich haben wir sehr viel Mühe auf das funktionale Testen verwandt und die Spezifikation anhand der Implementierung überprüft – warum sollten wir also noch mehr tun? Nun – strukturelles Testen ist notwendig, da der Code Teile enthalten könnte, die bei den funktionalen Tests nicht vollständig ausgeführt wurden (z.B. könnte ein boolescher Ausdruck komplizierter sein, als es in der Modulspezifikation den Anschein hatte, oder eine kleine Funktion in der Spezifikation könnte sich zu vielen Zeilen komplexen Codes ausgedehnt haben). Möglich wäre auch, daß Teile des Codes über die Anforderungen hinausgehen; so könnte es vorkommen, daß wir bei den funktionalen Tests eines Programms keine Fehler entdecken, aber bei der weiteren Überprüfung durch strukturelle Tests auf ein Stück Code stoßen, das laut Spezifikation überhaupt nicht gebraucht und deshalb beim funktionalen Testen auch nicht überprüft wurde. Dies kann als Fehler betrachtet werden, da es eine Abweichung von den Anforderungen darstellt.

Strukturelles Testen zielt deshalb darauf ab, die Fehler zu finden, die beim funktionalen Testen übersehen wurden. Dies kann durch eine Fehlinterpretation der Spezifikation, durch simple Tippfehler oder durch andere Ursachen wie Gleichgültigkeit, Unkenntnis oder unüberprüfte Vermutungen passiert sein.

7.3 Die Lösung

Wir beabsichtigen nun nicht, unumstößliche Grundsätze für das strukturelle Testen aufzustellen; statt dessen möchten wir einen ersten Einblick in die verschiedenen Methoden geben. In diesem Bereich des Software-Testens wurde am intensivsten geforscht; die Folge war jedoch nicht die Entwicklung effizienter und zuverlässiger Techniken für das strukturelle Testen, sondern ein tiefergehendes Verständnis der damit verbundenen Probleme und ein Bewußtsein der Inadäquatheit der vorhandenen Methoden. Diese Betrachtungsweise mag recht zynisch erscheinen, soll aber auf keinen Fall als Geringschätzung der Software-Testforschung verstanden werden. Im Laufe der Jahre wurden viele brauchbare Methoden entwickelt; gleichzeitig mußte man aber auch die Grenzen dieser Methoden erkennen.

Es liegt uns also fern, strukturelles Testen pauschal abzuwerten; es hat wie jeder andere Bereich des Software-Testprozesses seine Berechtigung. Wenn sich die Arbeit des Testers jedoch auf die frühen Phasen der Programmentwicklung konzentriert, dürfte die Zahl der Fehler, die bis in dieses Stadium durchsickern, geringer sein. Vielleicht als Folge der intensiven Forschung, möglicherweise aber auch, weil diese Form des Testens „traditionell" von Programmierern ausgeführt wurde, lag der Nachdruck bisher allzu sehr auf dem strukturellen Testen, in das man zu großes Vertrauen setzte.

Beim strukturellen Testen müssen als erstes Pfade durch den Programmcode ausgewählt werden. Ähnlich wie beim funktionalen Testen stehen wir hier vor dem Problem, daß die Zahl der Pfade durch ein Programm für gewöhnlich riesig, wenn nicht gar unendlich ist. Angenommen, wir haben ein Programm mit einer

Schleife; in diesem Fall wird ein Programmpfad, der 22 Ausführungen der Schleife bewirkt, als ein anderer Pfad betrachtet als derjenige, der genau dem gleichen Weg folgt, jedoch 23 Schleifendurchläufe veranlaßt. Wenn innerhalb einer Schleife weitere Schleifen enthalten sind und innerhalb der Schleifen Fallunterscheidungen, dann läßt sich leicht ermessen, wie die Zahl der Pfade eskaliert. Auch hier müssen wir einen Kompromiß schließen zwischen unserem Anspruch und dem, was in den durch die verfügbaren Ressourcen vorgegebenen Grenzen möglich ist.

An dieser Stelle ist es sinnvoll, zu betrachten, welcher Testdeckungsgrad eines Programms erreicht werden kann. Der Testdeckungsgrad ist ein Maßstab dafür, wie gründlich ein Programm ausgetestet wurde. Um dies zu verdeutlichen, betrachten wir drei Ebenen: statement coverage (Anweisungsüberdeckung), branch coverage (Zweigüberdeckung) und multiple condition coverage (Mehrfachbedingungsüberdeckung). Nehmen wir das folgende Code-Segment:

```
IF X > 0 AND Name = „Lenin" Then
    A:=17;
    Flag:=TRUE;
End If;
```

Die **Anweisungsüberdeckung** erfordert die Definition von Testdaten, die bewirken, daß jede Anweisung im Code ausgeführt wird. Bei dem obigen Beispiel würde ein Wert von $X = 3$ und Name = Lenin diese Bedingung erfüllen. Das mag auf den ersten Blick zufriedenstellend erscheinen; es ist jedoch wichtig, zu überlegen, was passiert, wenn das Ergebnis der Bedingung „false" war. Wir müssen überprüfen, daß die Anweisungsfolge ($A:=17$; Flag:=TRUE;) nicht ausgeführt wird und daß als Konsequenz nichts schiefgeht. Dies führt uns weiter zur Zweigüberdeckung.

Die **Zweigüberdeckung** erfordert die Definition von Testdaten, die bewirken, daß jeder Zweig einer Verzweigung (ein Punkt im Programm, an dem eine Entscheidung getroffen wird, wie etwa eine „If"-Anweisung oder eine „While"-Bedingung) durchlaufen wird. Beim obigen Beispiel würde ein Test von $X = 3$ und Name = „Lenin" und ein anderer von $X = -2$ und Name = „Lenin" genügen. Es muß jedoch beachtet werden, daß die zweite Bedingung nicht wirklich getestet wurde. Dies führt uns zu unserer dritten Testdeckungs-Ebene.

Die Abdeckung von Mehrfachbedingungen erfordert, daß alle möglichen Kombinationen von True- und False-Ergebnissen innerhalb eines Prädikats ausgeführt werden. Dies bedeutet, daß für ein Prädikat mit zwei Bedingungen vier Tests notwendig sind, für ein Prädikat mit drei Bedingungen acht Tests und so weiter. Auf unser Beispiel bezogen definieren wir die folgenden Testdaten (die

Werte der Bedingungen und das Ergebnis des Prädikats stehen in Klammern):

$X = 3$,	Name = „Lenin"	(T,T => T)
$X = 3$,	Name = „Lennon"	(T,F => F)
$X = -2$,	Name = „Lenin"	(F,T => F)
$X = -2$,	Name = „Lennon"	(F,F => F)

Es muß noch erwähnt werden, daß es bei einem Programm von üblichem Umfang ein Stück harter Arbeit bedeutet, Mehrfachbedingungen in dieser Form durch Tests abzudecken.

Es gibt noch weitere Testdeckungsgrade, die sich von den hier beschriebenen geringfügig unterscheiden und deren Beschreibung der interessierte Leser an anderer Stelle finden kann. Wir hoffen, daß wir die Prinzipien veranschaulichen und zeigen konnten, wie mit Hilfe dieser Ideen Programmpfade ausgewählt werden können. Zu erwähnen bleibt noch, daß die Testdeckungsgrade keine Hilfe bei der Auswahl spezieller Testdatenwerte bieten. Zur Erläuterung: in unserem Beispiel haben wir die Bedingung $X > 0$ getestet. Die einzige Voraussetzung war, daß die Bedingung True und False als Ergebnis liefern sollte, wobei wir die entsprechenden Testdaten ziemlich beliebig ausgewählt haben ($X = 3$ und $X = -2$). In Wirklichkeit hätten wir die Testdaten „sensitiver" machen können (d.h., die Wahrscheinlichkeit, mit ihrer Hilfe Fehler zu entdecken, wäre größer), indem wir Werte gewählt hätten, die an der Grenze dieser Bedingung liegen (wie in Kapitel 6 beschrieben). Wir hätten dann Werte von 1 und 0 für X gehabt.

Nachdem wir uns für einen Programmpfad entschieden haben, müssen Testdaten ausgewählt werden, die diesen Pfad durchlaufen. Auch dieses Problem ist nicht trivial; in verschiedenen mathematischen Programmen hat sich seine Lösung als unmöglich erwiesen! Das Problem ist, daß ein Pfad mehrere Zweige umfaßt. An jedem dieser Zweige wird ein Weg gewählt, wodurch Beschränkungen für die Eingabedaten entstehen. Weitere Zweige vergrößern die Beschränkungen, so daß das Auswählen von Daten, die einem bestimmten Pfad folgen, schließlich die Lösung eines ganzen Gleichungssystems erfordern kann. Um es zu wiederholen: Unter bestimmten Bedingungen (wenn die Daten numerisch und die Beschränkungen linear sind) kann dies automatisch geschehen. Was aber, wenn wir mehrere alphanumerische Felder haben? Die Forschung im Bereich strukturelles Testen hat sich meistens mit mathematischen Programmen befaßt und das Problem der nichtnumerischen Daten außer acht gelassen.

Nachdem die Eingabedaten ausgewählt sind, werden die erwarteten Ergebnisse berechnet. Zu diesem Zweck werden die Eingabedaten manuell durch die Programmspezifikation hindurch verfolgt, und es wird genau ausgearbeitet, welche Ausgabe für eine gegebene Eingabe erfolgen sollte.

Im weiteren Verlauf dieses Kapitels werden einige weitere Forschungsgebiete behandelt, die den Leser vielleicht interessieren; zum Schluß werden drei Techniken des strukturellen Testens (Branch Coverage, Linear Code Sequence und Jump sowie Datenfluß) auf drei codierte Programme der Fallstudie angewandt, um ihren praktischen Gebrauch zu zeigen.

7.4 Weitere Forschungsgebiete

Eine der frühesten Arbeiten auf diesem Gebiet stammt von Huang (1975), der die Definitionen des Programmblocks (eine maximale Sequenz von Anweisungen, die die Eigenschaft haben, daß dann, wenn das erste Element der Sequenz ausgeführt wird, alle anderen Anweisungen in der Sequenz ebenfalls ausgeführt werden) und des Programmgraphen (ein gerichteter Graph mit einem Knoten und Kanten, wobei jeder Knoten einem Programmblock entspricht und die Kanten mit den dazugehörigen Verzweigungen beschriftet sind) einführte. Jeder Programmgraph hat einen einzigen Eingangspunkt (Startknoten) und einen einzigen Ausgangspunkt (Endknoten), und jeder Knoten liegt auf irgendeinem Pfad vom Startknoten zum Endknoten. Ein Code-Abschnitt und der ihm entsprechende gerichtete

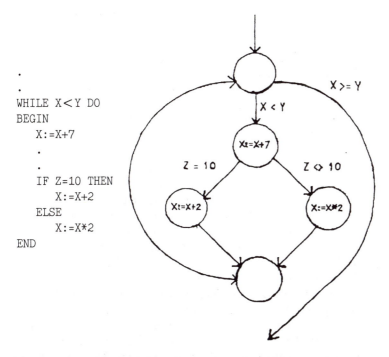

```
    .
    .
WHILE X<Y DO
BEGIN
    X:=X+7
    .
    .
    IF Z=10 THEN
        X:=X+2
    ELSE
        X:=X*2
END
```

Abb. 4 Code und korrespondierender gerichteter Graph

Graph sind in Abb. 4 dargestellt. Ein Pfad ist als eine Sequenz von Kanten definiert; mit jedem Pfad ist ein Pfad-Prädikat verbunden, das als Konjunktion der einzelnen angegebenen Verzweigungsbedingungen an den Kanten geschrieben werden kann.

Nachdem ein Programm in einen gerichteten Graphen umgewandelt wurde, gibt es zahlreiche Möglichkeiten, Pfade auszuwählen. Die Selektion von Testpfaden ist ein gut untersuchtes Gebiet; es gibt eine Reihe von Kriterien, mit deren Hilfe eine Strategie entwickelt werden kann, die einen bestimmten Testdeckungsgrad des Programm-Graphen ermöglicht. Myers (1979) und Prather (1983) geben eine Liste von Testdeckungsgraden an, wie sie in diesem Kapitel bereits beschrieben wurden. Die einfachste Technik bei der Auswahl von Pfaden besteht darin, den Graphen manuell zu überprüfen, wie es Myers (1979) sowie Adrion, Branstad und Cherniavsky (1982) beschreiben. Es gibt jedoch noch verschiedene andere Methoden, die nachstehend angegeben werden.

Paige und Holthouse (1977) entwickelten eine Technik zur Überprüfung eines strukturierten Programms und seiner Konvertierung in einen regulären Ausdruck (als eine Möglichkeit, die Programmstruktur darzustellen). Dieser Ausdruck wird dann erweitert, um eine Summe von Ausdrücken zu gewinnen, die eine Menge von Pfaden beschreiben, die das modifizierte Kriterium der Pfadüberdeckung erfüllen, wie es Prather (1983) entwickelt hat.

Paige (1978) äußerte außerdem den Gedanken einer Grundmenge von Pfaden. Er versteht darunter eine Menge von Pfaden, die so gewählt wird, daß jeder Pfad durch den Programmgraphen als eine lineare Kombination von Pfaden, die von der Basis ausgehen, ausgedrückt werden kann. Außerdem läßt sich feststellen, daß sich aus McCabes Maß der zyklomatischen Komplexität (McCabe 1976) die Höchstzahl der linear unabhängigen Gebiete ergibt. Ein Programm wird − über das einfache Zweigtesten hinaus − als überprüft betrachtet, wenn eine Menge von Pfaden festgelegt wurde, die diese Basis mit einschließen.

Linear Code Sequence and Jump (LCSAJ) (Hedley 1985, Woodward 1980) ist eine andere Methode, Programmpfade auszuwählen; wie sich gezeigt hat, erreicht man mit ihr einen hohen Deckungsgrad. Ein LCSAJ ist ein Unterpfad durch ein Programm, der am Anfang eines Programms oder an der Zielzeile eines Sprunges beginnt und entweder am Ende des Programms oder am Anfang eines Sprunges endet (z.B. einem unbedingten GOTO oder einer Bedingung, die TRUE ergibt). Dabei wird angestrebt, sämtliche LCSAJs abzudecken, die sich zum Teil überlappen können.

Dynamische Datenflußanalyse (Clarke 1985) ist ein ähnliches Konzept wie die statische Datenflußanalyse mit dem Unterschied, daß es als Kriterium für die Pfadauswahl verwendet wird. Anders als andere Methoden der Pfadauswahl läßt es den Steuerfluß außer acht und konzentriert sich auf die Definition und den Gebrauch von Datenelementen. Ein Wert kann in einem Programmblock definiert und in einem anderen Programmblock benutzt werden. Beim Kriterium der Datenfluß-Coverage werden Paare gebildet, bei denen der eine Teil ein Datenelement definiert und der zweite Teil es benutzt. Das Kriterium ist erfüllt, wenn alle Paare ausgeführt werden.

Eine weitere Testmethode wurde von der U.K. Central Computer and Telecommunications Agency (CCTA) (CCTA 1976, Burgess 1984) entwickelt. Sie wird als „Flußschema" bezeichnet und umfaßt die Analyse eines JSP-Strukturdiagramms (Jackson 1975) und seiner Konvertierung in ein als Flußschema bezeichnetes Diagramm. Das Flußschema ist im Grunde eine Darstellung des Programmstrukturdiagramms in Form eines gerichteten Graphen, von dem die Zahl der Programmpfade und ihre Zusammensetzung in bezug auf Prädikate abgeleitet werden kann. Das Problem, JSP-Programme zu testen, wurde auch von Roper und Smith (1987) behandelt.

Nachdem die Programmpfade festgelegt worden sind, müssen Testdaten definiert werden, die bewirken, daß diese Pfade ausgeführt werden. Dieses Problem hat sich als nicht-trivial und in manchen Fällen sogar als unlösbar erwiesen (Howden 1976, White 1981). Clarke und Richardson (1983) untersuchten das Problem der Wertzuweisung bei Prädikaten und benutzten die Technik der symbolischen Ausführung, um die symbolischen Werte von Programm-Variablen kontinuierlich zu aktualisieren. Eine andere, aber ähnliche Methode, bei der man vom Ende eines Pfades ausgehend zu seinem Anfang vorgeht, wurde von Huang (1975) entwickelt; diese Methode ist unter der Bezeichnung „Rückwärts-Simulation" bekannt.

Bereichstesten (White 1980) ist eine Methode der formalisierten Testdatenauswahl. Die Grundidee ist, die Beschränkungen zu testen, denen der Eingaberaum (der N-dimensional ist, wobei N die Zahl der Eingabevariablen ist), durch bedingte Anweisungen unterliegt. Ein Fehler in einem Ausdruck kann fast immer zuverlässig entdeckt werden durch einige Punkte an oder nahe der Grenze (d.h., alle leichten Verschiebungen des erlaubten Bereiches werden entdeckt). Die Bereichsstrategie formalisiert die Zahl der erforderlichen Punkte und stellt selbst eine Reihe von Beschränkungen zur Verfügung, unter denen sie garantiert funktioniert. Obwohl noch immer die Möglichkeit besteht, daß ein Ausdruck falsch sein könnte, kann man ihm doch ein höheres Maß an Vertrauen schenken.

Wenn die Syntax der Testdaten in Form einer Grammatik festgelegt werden kann (z.B. Backus-Naur-Form), dann können die Daten automatisch von dieser Grammatik generiert werden. Mehr Kontrolle über die Erzeugung von Testdaten kann durch den Gebrauch von Attributen (die Information über jede Regel enthalten) erlangt werden. Beispiele für grammatikbasiertes Testen finden sich bei Duncan (1978, 1981).

Andere Methoden der Testfall-Selektion sind pragmatischer, etwa die von Foster (1978, 1985) beschriebenen.

7.5 Anwendung auf die Fallstudie

In diesem Abschnitt haben wir die drei Spezifikationen aus Kapitel 6 in drei Sprachen, COBOL, Pascal und BASIC, codiert. (Der Grund für diese Auswahl war die Verschiedenheit der Sprachen; außerdem hoffen wir, daß der Leser mit ihnen zumindest ein wenig vertraut ist.) Anhand dieser unterschiedlichen Programme möchten wir die Anwendung von drei Techniken des strukturellen Testens (Branch Coverage, Datenfluß und LCSAJ) demonstrieren.

7.5.1 Zweigüberdeckung

Betrachten wir zunächst Programm P1, das nachstehend als COBOL-Implementierung zu finden ist. Die Anweisungen des Prozedurteils wurden lediglich zu Verweiszwecken numeriert.

```
      IDENTIFICATION DIVISION.
      PROGRAM-ID. P1.
      AUTHOR. MARC.
      ENVIRONMENT DIVISION.
      CONFIGURATION DIVISION.
           SOURCE-COMPUTER. XXX.
           OBJECT-COMPUTER. XXX.
      INPUT-OUTPUT SECTION.
      FILE-CONTROL.
           SELECT AMITGL ASSIGN TO "AMITGL.DAT"
           ORGANIZATION IS INDEXED
           ACCESS MODE IS RANDOM
           RECORD KEY IS AM-MITGLNR.
           SELECT AFILM ASSIGN TO "AFILM.DAT"
           ORGANIZATION IS RELATIVE
           ACCESS MODE IS RANDOM
           RELATIVE KEY IS FILMREL.
           SELECT MITGLFIL ASSIGN TO "MITGL.DAT"
           ORGANIZATION IS INDEXED
           ACCESS MODE IS RANDOM
           RECORD KEY IS MI-MITGLNR.
           SELECT FILMFIL ASSIGN TO "FILM.DAT"
           ORGANIZATION IS INDEXED
           ACCESS MODE IS RANDOM
           RECORD KEY IS FI-FILMNR.
      DATA DIVISION.
      FILE SECTION.
      FD AMITGL.
      01 AMITGL-REC.
```

```cobol
            03 AM-MITGLNR PIC 9(6).
            03 AM-CTR PIC 9.
            03 AM-FILM-GRP OCCURS 5 TIMES.
                05 AM-FILMNR PIC 9(5).
                05 AM-RG-DATUM PIC 9(6).
     FD AFILM.
     01 AFILM-REC.
            03 AF-FILMNR PIC 9(5).
            03 AF-MITGLNR PIC 9(6).
            03 AF-RUECKGABE-DATUM PIC 9(6).
     FD MITGLFIL.
     01 MITGL-REC.
            03 MI-NAME PIC X(30).
            03 MI-MITGLNR PIC 9(6).
            03 MI-ABLDATUM PIC 9(6).
            03 MI-ADRESSE.
                05 MI-ADR1 PIC X(30).
                05 MI-ADR2 PIC X(30).
                05 MI-ADR3 PIC X(30).
                05 MI-ADR4 PIC X(30).
            03 MI-TELNO PIC X(12).
            03 MI-ERIFLAG PIC 9.
     FD FILMFIL.
     01 FILM-REC.
            03 FI-FILMNR PIC 9(5).
            03 FI-FILM-TITEL PIC X(40).
            03 FI-VORHKOP PIC 99.
            03 FI-VERFKOP PIC 99.
     WORKING-STORAGE SECTION.
     01 FILMREL PIC 9(5) COMP.
     01 EOF PIC 9.
     01 XMITGLNR PIC X(6).
     01 XFILMNR PIC X(5).
     01 XDATUM PIC 9(6).
     01 XRGDAT PIC 9(6).
     PROCEDURE DIVISION.
 1   A-START.
 2         OPEN INPUT MITGLFIL.
 3         OPEN I-O AMITGL, AFILM, FILMFIL.
 4         DISPLAY "EINGABE MITGLIEDSNUMMER: ".
 5         ACCEPT XMITGLNR.
 6         DISPLAY "EINGABE FILMNUMMER: ".
 7         ACCEPT XFILMNR.
 8         DISPLAY "EINGABE RUECKGABEDATUM (TTMMJJ):".
 9         ACCEPT XRGDAT.
10         IF XMITGLNR NOT NUMERIC GO TO THE-END.
11         MOVE XMITGLNR TO MI-MITGLNR.
```

```
12              READ MITGLFIL INVALID KEY
13                  DISPLAY "UNGUELTIGE MITGLIEDSNUMMER",
14                       GO TO THE-END.
15              ACCEPT XDATUM FROM DATE.
16              IF XDATUM < MI-ABLDATUM THEN NEXT SENTENCE
17                ELSE DISPLAY "MITGLIEDSNUMMER ABGELAUFEN -
18                       KEINE FILME AUSGELIEHEN",
19                    GO TO THE-END.
20              MOVE XFILMNR TO FI-FILMNR.
21              READ FILMFIL INVALID KEY
22                    DISPLAY "FILM NICHT VORHANDEN",
23                    GO TO THE-END.
24              IF FI-VERFKOP > 0 THEN NEXT SENTENCE
25                    ELSE DISPLAY "FILM NICHT VERFUEGBAR",
26                    GO TO THE-END.
27              SUBTRACT 1 FROM FI-VERFKOP.
28              MOVE XFILMNR TO AF-FILMNR.
29              DIVIDE AF-FILMNR BY 10 GIVING FILMREL.
30              MOVE XMITGLNR TO AF-MITGLNR.
31              MOVE XRGDAT TO AF-RUECKGABE-DATUM.
32              MOVE XMITGLNR TO AM-MITGLNR.
33              READ AMITGL INVALID KEY GO TO REC-ABS.
34       REC-PRES.
35              IF AM-CTR < 5 NEXT SENTENCE ELSE
36                   DISPLAY "HOECHSTZAHL FILME AUSGELIEHEN",
37                   GO TO THE-END.
38              ADD 1 TO AM-CTR.
39              MOVE XFILMNR TO AM-FILMNR (AM-CTR).
40              MOVE XRGDAT TO AM-RG-DATUM (AM-CTR).
41              REWRITE AMITGL-REC INVALID KEY
42                  DISPLAY "DATEI 'AUSLEIHENDE
43              MITGLIEDER' KANN NICHT AKTUALISIERT
                WERDEN",
44                     GO TO THE-END.
45              GO TO REC-DONE.
46       REC-ABS.
47              MOVE 1 TO AM-CTR.
48              MOVE XFILMNR TO AM-FILMNR (AM-CTR).
49              MOVE XRGDAT TO AM-RG-DATUM (AM-CTR).
50              WRITE AMITGL-REC INVALID KEY
51                  DISPLAY "DATEI 'AUSLEIHENDE MITGLIEDER'
52                       KANN NICHT AKTUALISIERT WERDEN'',
53                  GO TO THE END.
54       REC-DONE.
55            REWRITE FILM-REC INVALID KEY
56               DISPLAY "DATEI FILME KANN NICHT AKTUALISIERT WERDEN",
57                  GO TO THE-END.
58            WRITE AFILM-REC INVALID KEY
```

```
59              DISPLAY "DATEI AUSGELIEHENE FILME
                        KANN NICHT AKTUALISIERT WERDEN",
60                      GO TO THE-END.
61              DISPLAY "AUSLEIHE DURCHGEFUEHRT".
62      THE-END.
63              CLOSE AMITGL, AFILM, MITGLFIL, FILMFIL.
64              STOP RUN.
65      A-FINISH.
```

Wir zeigen nun anhand des obigen Beispiels den Prozeß des Zweig-Testens. Dazu gehört die Erzeugung von Testdaten, die sicherstellen sollen, daß jeder Zweig einer Verzweigung, also TRUE und FALSE, mindestens einmal durchlaufen wird. (Die „invalid key"-Klauseln in unserem Beispiel, deren Ergebnis vollständig von einem internen Problem der Dateiverwaltung abhängt, lassen wir dabei außer acht.)

Wir gehen die Bedingungen der Reihe nach durch:

Zeile 10

Die Testdaten sind eine numerische und eine nicht-numerische Mitgliedsnummer.

Zeile 12

Eine in der Mitgliederdatei nicht vorhandene (also nicht zulässige) und eine vorhandene Mitgliedsnummer.

Zeile 16

Ein Ablaufdatum, das vor dem aktuellen Datum liegt (Mitgliedschaft abgelaufen) und ein späteres Datum (Mitgliedschaft noch gültig).

Zeile 21

Eine in der Filmdatei nicht vorhandene (also nicht existierende) und eine vorhandene Filmnummer.

Zeile 24

Verfügbare Kopien auf 0 (keine Filme mehr zur Ausleihe vorhanden) und größer als 0 (Kopien verfügbar) setzen.

Zeile 33

Ein Test für einen Kunden, der bereits einige Filme ausgeliehen hat (und somit als ausleihendes Mitglied in der Datei sein wird) und einer für einen Kunden, der keine Filme ausgeliehen hat (und deshalb nicht in der Datei sein wird).

Zeile 35

Ein Test, mit dem versucht wird, ein Videoband für einen Kunden auszuleihen, der bereits die Höchstzahl ausgeliehen hat; der zweite Test für einen Kunden, der weniger als fünf Filme ausgeliehen hat.

Damit sind alle für den Zweigtest notwendigen Kriterien für die Testdaten aufgezählt. Die nächste Aufgabe des Testers ist es, entsprechend diesen Kriterien Testdaten auszuwählen und die erwarteten Ergebnisse der Ausführung dieser Tests zu berechnen, bevor sie tatsächlich auf dem Computer laufen. Dazu ist zu bemerken, daß es bei Methoden wie dem Zweigtesten so gut wie keine Richtlinien in bezug auf die genauen Werte der Daten gibt und daß es dem Tester freisteht, die Werte im Rahmen der von den Verzweigungen vorgegebenen Grenzen beliebig zu wählen.

Als Anhaltspunkt geben wir nachstehend ein Beispiel für Testdaten, die die obigen Bedingungen erfüllen könnten; diese Testdatenmenge darf aber keinesfalls als definitiv betrachtet werden (da die Datenwerte größtenteils beliebig sind). Die Zahl der verwendeten Daten ist notwendigerweise groß. Es wäre eine nützliche Übung für den Leser, zu versuchen, seine eigene Testdatenmenge festzulegen, um sich über diesen Prozeß klar zu werden.

(Wichtig: Dies basiert auf dem aktuellen Datum 25.09.88.)

AMITGL Datei

Mitglnr	Ctr	Filmnr	Rueckgabe-Datum
100001	2	10001	240988
		10002	230988
100003	5	30001	250988
		30002	250988
		30003	250988
		30004	250988
		30005	250988

AFILM File

Filmnr	Mitglnr	Rueckgabe-Datum
10001	100001	240988
10002	100001	230988
30001	100003	250988
30002	100003	250988
30003	100003	250988
30004	100003	250988
30005	100003	250988

MITGLFIL Datei

(In diesem Fall sind alle Daten außer Mitglnr und Abldatum beliebig.)

Mitglnr	Abldatum
100001	241088
100002	101088
100003	121288
100004	030688

FILMFIL Datei

(Die Benennung der Titel überlassen wir der Phantasie des Lesers.)

Filmnr	Vorhkop	Verfkop
10001	1	0
10002	3	2
30001	2	1
30002	5	4
30003	1	0
30004	2	1
30005	3	2

Testdaten für die obigen Fälle könnten sein:

Zeile 10
```
Mitglnr: 123456
         12t45X
```

Zeile 12
```
Mitglnr: 123456
         100004
```

Zeile 16
```
Mitglnr: 100004
         100001
```

Zeile 21
```
Mitglnr: 100001
Filmnr:  20001
         10001
```

Zeile 24
```
Mitglnr: 100001
Filmnr:  10001
         10002
```

Zeile 33

```
Mitglnr: 100001
Filmnr:   10002
Mitglnr: 100002
Filmnr:   30002
```

Zeile 35

```
Mitglnr: 100003
Filmnr:   30002
Mitglnr: 100002
Filmnr:   30002
```

Wie der Leser sicherlich bereits bemerkt hat, werden einige Testdaten mehrfach benutzt, da viele Zweige mit einem einzigen Datensatz getestet werden können (für gewöhnlich die mit einem gültigen Ergebnis — man muß jedoch darauf achten, daß man die Ausführung eines Zweiges weiter unten im Programm nicht ausschließt, weil man die Testdaten so ausgewählt hat, daß das Programm weiter oben terminiert).

Als nächstes werden die Daten in Form einer Tabelle so angeordnet, daß die Daten auf der linken und die erwarteten Ergebnisse bei der Ausführung dieser Daten auf der rechten Seite stehen. Obwohl dies eine rein schematische Arbeit ist, sollte der Leser sie ausführen. Besonders wichtig ist, dies zu tun, **bevor** die Tests ausgeführt werden, damit jeder Test, abhängig vom Ergebnis, mit „korrekt" oder „fehlerhaft" gekennzeichnet werden kann. Es ist keine gute Idee, die Ergebnisse erst dann auszuarbeiten, wenn bereits die Testläufe erfolgen, da in diesem Fall psychologische Faktoren ins Spiel kommen. Der Tester (insbesondere wenn es der Programmierer selbst ist) erwartet, daß das Programm funktioniert, und möchte nicht unbedingt ein Objekt, das er gerade geschaffen hat, wieder „zerstören". Damit die notwendige Objektivität gewährleistet ist, müssen die erwarteten Ergebnisse vorher berechnet werden.

7.5.2 Dynamische Datenflußanalyse

Nachstehend ist eine mögliche Pascal-Implementierung des Programmes P4 (bei der Datensatzgestaltung haben wir uns einige Freiheiten genommen!). Auch hier sind die Befehle zu Verweiszwecken numeriert.

```
PROGRAM P4(INPUT,AMITGLDATEI,OUTPUT);
TYPE
        AMITGLREC=RECORD
                MITGLNR : INTEGER;
                CTR : INTEGER;
```

```
                        FILMNR : ARRAY[1..5] OF INTEGER;
                        RGDAT: ARRAY[1..5] OF INTEGER
                END;
VAR
        AMITGLFILE : FILE OF AMITGLREC;
        BREC : AMITGLREC;
        MITGL, I : INTEGER
BEGIN
1       WRITE(' EINGABE MITGLIEDSNUMMER : ');
2       READLN(MITGL);
3       RESET(AMITGLFILE);
4       WHILE NOT EOF(AMITGLFILE) DO
5       BEGIN
6               READ(AMITGLFILE,BREC);
7               IF MITGL = BREC.MITGLNR THEN
8               BEGIN
9                   WRITELN(' MITGLIEDSNUMMER: ',MITGL);
10                  FOR I := 1 TO BREC.CTR DO
11                      WRITELN('FILM NR.    ',I:1,' :
        ',BREC.FILMNR[I],
12                      'RUECKGABEDATUM: ',BREC.RUECKGDAT[I]);
13              END;
14      END;
END.
```

Dynamische Datenflußanalyse kann im Hinblick auf ihren Komplexitätsgrad stark variieren. Für unsere Zwecke benutzen wir einen weniger komplizierten Ansatz, da wir lediglich die Grundprinzipien verdeutlichen möchten; dem an darüber hinausgehenden Informationen interessierten Leser empfehlen wir folgende Publikationen: Lasky 1983, Rapps 1985.

Unter Datenfluß versteht man, wie die Bezeichnung bereits nahelegt, den Fluß von Daten durch das Programm. Die Testdaten folgen diesen Pfaden und nicht denjenigen, die – wie etwa beim Zweigtesten – durch die Verzweigungen definiert sind. Eines der Elemente, die überprüft werden können, ist die Definition und der Gebrauch von Daten (z.B. Variablen). Diese bezeichnet man als D-G-Paare (d-u pairs = definition-usage-pairs). Eine Variable ist definiert, wenn ihr ein Wert zugeordnet wurde, und sie wird benutzt, wenn auf ihren Wert zugegriffen wird. Die Testdeckung ist erreicht, wenn alle D-G-Paare ausgeführt worden sind.

Für das obige Programm sähe das so aus:

Zeile	*D*	*G*
2	MITGL	
6	BREC	
7		MITGL, BREC.MITGLNR

Zeile	D	G
9		MITGL
10	I	I, BREC.CTR
11		I, BREC.FILMNR[I],BREC.RGDAT[I]

Um sämtliche D-G-Paare abzudecken, darf es nur einen einzigen Datensatz geben, der der eingegebenen Mitgliedsnummer entspricht.

Die D-G-Paare können darüber hinaus bei einer Form des Testens benutzt werden, die unter der Bezeichnung statische Analyse bekannt ist (das Programm wird – manuell oder maschinell – überprüft, aber nicht ausgeführt). Mit Hilfe der D-G-Paare können Fehler oder mögliche Fehler aufgespürt werden. Wenn beispielsweise eine Variable benutzt wird, bevor sie definiert wurde, liegt ein Fehler vor; wenn dagegen eine bereits definierte Variable noch einmal definiert wird, braucht dies nicht unbedingt unkorrekt zu sein, könnte aber auf einen Fehler hindeuten.

7.5.3 Linear Code Sequence and Jump

Um die Anwendung dieser Methode zu erläutern, wurde P6 nachstehend in BASIC implementiert (diese Implementierung kann nicht in Schaltjahren verwendet werden).

```
10     ON ERROR GOTO 10000
20     DIM MONAT%(12%)
30     FOR I% = 0% TO 12%
40         READ MONAT%(I%)
50     NEXT I%
55     DATA 0,31,28,31,30,31,30,31,31,30,31,30,31
60     MAP (MITGL) M.NAME$ = 30%, M.MITGLNR%, MADR1$ =
       30%,M.ADR2$ = 30%, M.ADR3$ = 30%, M.ADR4$ =
       30% &, M.TELNR%, M.ERIFLAG%, M.ABLDAT%
70     MAP (ERINN) R.NAME$ = 30%, R.ADR1$ = 30% &,
       R.ADR2$ = 30%, R.ADR3$ = 30%, R.ADR4$ = 30%
80     OPEN "MITGL.DAT" AS FILE #1% &, ORGANIZATION
       SEQUENTIAL, ACCESS MODIFY, MAP MITGL
90     OPEN "ERIS.DAT" AS FILE #2% &
       ,ORGANIZATION SEQUENTIAL, ACCESS WRITE, MAP
       REMIND
100    INPUT "HEUTIGES DATUM EINGEBEN: "; TODAY%
110    GET 1#%
120    YT% = TODAY% / 10000%
130    TODAY% = TODAY% - (YT% * 10000)
140    MT% = TODAY% / 100%
150    DT% = TODAY% - (MT% * 100)
160    FOR I% = 0% TO MT% - 1
170        TOD% = TOD% + MONAT%(I%)
```

```
180    NEXT I%
190    TOD% = TOD% + DT%
200    YX% = M.ABLDAT% / 10000%
210    M.ABLDAT% = M.ABLDAT% - (YX% * 10000)
220    MX% = M.ABLDAT% / 100%
230    DX% = M.ABLDAT% - (MX% * 100)
240    FOR I% = 0% TO MX% - 1
250        ABL% = ABL% + MONAT%(I%)
260    NEXT I%
270    ABL% = ABL% + DT%
280    IF YX% > YT% THEN ABL% = ABL% + 365
290    IF (TOD% + 30% < ABL%) AND (M.ERIFLAG% = 0%) &
              THEN GOTO 380
300    R.NAME$ = M.NAME$
310    R.ADR1$ = M.ADR1$
320    R.ADR2$ = M.ADR2$
330    R.ADR3$ = M.ADR3$
340    R.ADR4$ = M.ADR4$
350    PUT #2%
360    REMFLAG = 1%
370    UPDATE #1%
380    GO TO 110
10000  RESUME 10001
10001  PRINT "END OF FILE"
10010  CLOSE #1%, #2%
10020  END
```

Eine formale Definition eines LCSAJ lautet:

Ein LCSAJ-Startpunkt ist die Zielzeile eines Steuerflußsprunges oder die erste Zeile des Programmtextes. Ein LCSAJ-Endpunkt ist jede Zeile, die vom Startpunkt aus durch eine ununterbrochene lineare Code-Sequenz erreicht werden und von der aus ein Sprung gemacht werden kann. Die Information über den terminierenden Sprung wird zu den Start- und Endpunkten hinzugenommen, so daß ein LCSAJ durch eine Startzeile, eine Endzeile und die Zielzeile für den Sprung gekennzeichnet ist (Hennell 1984).

Die LCSAJs im obigen Code sind folgende:

LCSAJ Nummer	Start-punkt	End-punkt	Ziel-punkt
1	10	10	10000
2	10	160	190
3	10	240	270
4	10	280	290
5	10	380	110
6	10000	10020	-

LCSAJ Nummer	Start-punkt	End-punkt	Ziel-punkt
7	110	160	190
8	110	240	270
9	110	280	290
10	110	380	110
11	190	240	270
12	190	280	290
13	190	380	110
14	270	280	290
15	270	380	110
16	290	380	110

In einigen Fällen werden undurchführbare LCSAJs auftreten, da die den Pfad kontrollierende Bedingung nicht erfüllt werden kann. Dies kann bei Schleifen oft vorkommen. Bei dem obigen Beispiel gibt es nie eine Ausführungs-Sequenz, die beim Start des Programms beginnt, Zeile 160 erreicht und zu Zeile 190 springt (LCSAJ Nummer 2), da die „for"-Schleife in Zeile 160 immer mindestens einmal den Wert „wahr" erhalten wird. Zu irgendeinem Zeitpunkt springt es dann von Zeile 160 zu Zeile 190, aber nicht ohne die vorherige Ausführung der Zeilen 170 und 180. Für eine ausführlichere Darstellung dieses Problems sei der interessierte Leser auf Hedley 1984 verwiesen.

Die Daten, die das obige Beispiel erfüllen würden, bestünden aus zwei Datensätzen: einem, das im nächsten Jahr ungültig wird (so daß Zeile 280 den Wert „falsch" annehmen würde) und der nicht innerhalb von 30 Tagen ablaufen wird (so daß Zeile 290 den Wert „falsch" annehmen würde); einem anderen, der in diesem Jahr innerhalb von 30 Tagen ungültig wird und dessen Erinnerungs-Flag nicht gesetzt ist. Die genauen Werte der Daten kann der Tester beliebig wählen.

7.6 Zusammenfassung

Wir haben nun mehrere Methoden für strukturelle Programmtests vorgestellt und und die damit verbundenen Prinzipien und Probleme näher erläutert. Strukturelles Testen ist ein wesentlicher Bestandteil des Software-Testens, da es die einzige Testform ist, die tatsächlich den implementierten Code überprüft. Dennoch sollte sich der Tester nicht zu dem Glauben hinreißen lassen, daß diese Methode die effektivste sei. Wie in diesem Buch immer wieder betont wird, sollten alle hier beschriebenen Methoden zusammen benutzt werden, um einen umfassenden Satz von Testdaten zusammenzustellen, mit deren Hilfe die Funktionsfähigkeit der implementierten Software von der Befehlsebene bis zur Ebene des Gesamtsystems überprüft werden kann.

Kapitel 8
Vom Integrations- zum System-Test

8.1 Integrations-Test

Bevor wir uns mit dem Integrations-Test befassen, sollten wir uns darüber klar werden, welchen Sinn dies hat. Schließlich haben wir unser System während der gesamten Entwicklung – von der Definition der Anforderungen bis hin zur Implementierung – bei jeder sich bietenden Gelegenheit getestet und überprüft. Was sollte also noch schiefgehen können? Nun, mittlerweile dürfte deutlich geworden sein, daß beim Testen der Grundsatz gilt, sich nicht auf Vermutungen zu verlassen, sondern jede Testmöglichkeit zu nutzen. Selbstverständlich sind unsere Tests nicht beliebig; sie berücksichtigen die Abstraktionsebene, auf der wir gerade arbeiten, und sie sind so entworfen, daß sie die Fehler aufdecken, die in der augenblicklichen Phase entstanden sein könnten.

Integration ist der Prozeß, unabhängig voneinander entwickelte und getestete Module zu einem Gesamtsystem zusammenzusetzen. Bei diesem Prozeß der Systemintegration werden drei Elemente wichtig, die bisher noch nicht getestet wurden: Schnittstellen, Modul-Kombinationen und globale Datenstrukturen.

Über die Schnittstellen werden Daten zu und von Modulen weitergeleitet. Wenn ein Modul für sich allein getestet wird, ist es in der Regel nicht möglich, auch die Schnittstellen zu testen (da sie oft die Form eines Aufrufes von oder zu einem anderen Programm haben), und so bietet die Integration die erste Gelegenheit, den Datentransfer zwischen Modulen zu testen. Das Schlüsselprinzip an diesem Punkt heißt „Schnittstellen-Integrität"; es muß gewährleistet sein, daß Daten, die durch einen Aufruf zu einem anderen Modul weitergeleitet werden, weder verlorengehen noch verfälscht werden. Verlust oder Verfälschung von Daten kann auf mehrere Arten geschehen: die aufrufenden und empfangenden Parameter können vom falschen Typ sein (in Sprachen, die nicht streng typisiert sind), so daß die Daten im empfangenden Programm in verfälschter Form erscheinen; die Zahl der aufrufenden und empfangenden Parameter kann unterschiedlich sein, so daß Daten verlorengehen; die aufrufenden und empfangenden Parameter können unterschiedlich definiert sein – Arrays beispielsweise könnten unterschiedliche Längen haben – , so daß auch hier entweder Daten verlorengehen bzw. verfälscht werden oder in anderer Weise unkorrekt sind.

Wenn das System als Ganzes funktioniert, arbeiten Module zusammen, leiten Daten weiter, aktualisieren Dateien, die wiederum von anderen Modulen gelesen werden, und verhalten sich generell in einer Art und Weise, die recht chaotisch anmuten kann! Dieses Verhalten kann dazu führen, daß Module mit Datenkombinationen arbeiten, die bei den Modul-Tests nicht vorhergesehen oder ausgetestet worden sind; eine solche Datenkombination kann wiederum einen Fehler in einem Modul aufdecken. Deshalb muß die Integration der Module nicht nur getestet, sondern schrittweise und systematisch vorgenommen werden (siehe nächster Abschnitt). Falls tatsächlich ein derartiger Fehler auftritt, bekommen wir dadurch eine Vorstellung, wo wir ihn lokalisieren können.

Globale Datenstrukturen sind jene Teile der Daten, vielleicht in Form von Dateien, Datenbanken oder Variablen, die durch das gesamte System hindurch existent sind. Jedes Modul kann auf globale Datenstrukturen zugreifen und ihre Inhalte ändern. Auch hierbei kann der Effekt auftreten, daß ungewöhnliche Datenkombinationen entstehen, die einen Fehler in einem anderen Modul aufdecken; die Daten können sogar so modifiziert werden, daß sie von einem anderen Modul nicht verarbeitet werden können (aufgrund des Formats, des Inhalts usw.). Um es zu wiederholen: das Verhalten einer solchen Datenstruktur kann beim Testen einzelner Module nicht vorhergesagt werden; deshalb muß die Überprüfung während der Integrationsphase stattfinden.

8.2 Treiber und Stümpfe

Nehmen wir einmal das sehr einfache modulare Programm in Abb. 5. Das Steuermodul, M2, ruft nacheinander M2, M3 und M4 auf. M3 ruft M5 auf (kein, ein oder mehrere Male), und M4 ruft entweder M6 oder M7 auf.

Falls nicht alle ungetesteten Module gleichzeitig zusammengefügt und getestet werden (die absolute „Urknall-Methode"), müssen wir entweder jedes Modul für sich testen, bevor wir das Programm konstruieren (normale „Urknall-Methode"), oder jeweils das nächste ungetestete Modul den bereits getesteten Modulen angliedern (inkrementelle Methode). Unabhängig von der gewählten Methode muß sich der Tester mit dem Problem der intermodularen Zusammenarbeit befassen. Wenn alle Module vorhanden sind, sollte diese Funktion von den Modulen selbst ausgeführt werden. Falls dagegen ein isoliertes Modul getestet wird oder falls eines der zusammenwirkenden Module noch nicht in das System eingegliedert wurde, muß der Tester die Wirkungsweise dieses Moduls simulieren. Wenn M1 in unserem Beispiel isoliert getestet wird, ist es notwendig, die Antworten von M2, M3 und M4 zu simulieren,

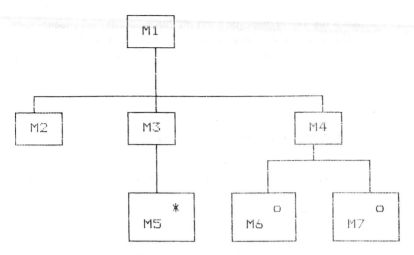

* — Wiederholter Aufruf
o — Fallabhängiger Aufruf

Abb. 5 Einfaches modulares Programm

wenn diese Module aufgerufen werden. Mit anderen Worten: um M1 wirksam testen zu können, müssen wir das gesamte Spektrum möglicher Antworten untergeordneter Module bereitstellen. Solche Simulationen untergeordneter Module werden auch als „Stümpfe" (stubs) bezeichnet. Einfache Anwendungen können Stümpfe erfordern, die nicht mehr ausführen, als den Steuerfluß unmittelbar zu ihren übergeordneten Modulen zurückzugeben. Komplexere Fälle können Stümpfe erfordern, die eine ganze Skala von Antworten simulieren, einschließlich beispielsweise der Weitergabe von Parametern. Stümpfe können vom Tester einzeln konstruiert werden, z.B. als separate Programme, oder sie können von einem Softwaretestrahmen bereitgestellt werden; hierbei handelt es sich um Software, die als spezielle Testumgebung für modular aufgebaute Programme entwickelt wurde.

Doch zurück zu unserem Beispiel. Wenn wir M3 isoliert testen möchten, müssen wir einen oder mehrere Stümpfe definieren, die die Antworten von M5 simulieren. Außerdem müssen wir das Problem des Moduls M1 angehen, von dem Modul M3 selbst aufgerufen wird. Zu diesem Zweck müssen wir einen „Treiber" schaffen; dies ist ein Modul, das die Aktivitäten eines dem zu testenden Modul übergeordneten Moduls simuliert. Ein Treiber für M3 würde also die Aufrufaktivitäten von M1, sofern sie M3 betreffen, simulieren. Wie bei einem Stumpf hängt auch bei einem Treiber die Komplexität von der zu testenden Anwendung ab. Der Treiber ist für den Aufruf des zu testenden Moduls verantwortlich, und er kann für die Weitergabe von Testdaten (z.B. als Parameter) und für den Empfang von Ausgabedaten, die im konkreten Programm an das nächste Modul weitergeleitet würden, verantwortlich sein.

Auch die Treiberfunktion kann oft durch bereits vorhandene, spezielle Software wie etwa ein Testrahmen bereitgestellt werden; sie kann aber auch aus einem vom Tester geschriebenen Programm bestehen.

8.3 Integrationsstrategien

Wie weiter oben bereits dargelegt, stehen dem Software-Entwickler, der ein modulares System testen möchte, zwei Strategien zur Auswahl.

8.3.1 Die „Urknall"-Methode

Bei der „Urknall"-Methode wird jedes Modul für sich getestet; erst wenn die Tests der einzelnen Module abgeschlossen sind, wird das System zusammengesetzt. Bei diesem Verfahren muß der Tester für jedes Modul einen oder mehrere Stümpfe und Treiber bereitstellen; Ausnahmen bilden lediglich das oberste Modul des Systems (oft als Steuermodul bezeichnet), das normalerweise kein Treibermodul erfordert, und die elementaren Module der untersten Ebene, die normalerweise keine Stümpfe erfordern. Für das System in Abb. 5 müßte der Tester sechs Treiber und vier Stümpfe definieren. Bei komplizierteren Systemen würde dies einen erheblichen Aufwand bedeuten, insbesondere, wenn keine Testhilfen benutzt werden und jeder Stumpf oder Treiber als eigenes Programm geschrieben werden muß.

Testen nach der „Urknall"-Methode bietet bei bestimmten Anwendungstypen einige wesentliche Vorzüge gegenüber inkrementellem Testen. Insbesondere beim Erstellen eines umfangreichen Systems mit zahlreichen Modulen werden viele Tätigkeiten normalerweise parallel ausgeführt. Bei der „Urknall"-Methode können alle Module unabhängig voneinander zur gleichen Zeit getestet werden. Erst wenn sämtliche Module für sich getestet worden sind, werden sie für den eigentlichen Integrationstest zusammengefügt. Unter wirtschaftlichen Gesichtspunkten bietet dieses Verfahren offensichtliche Vorteile; mehrere Mitarbeiter können parallel an diesen Modulen arbeiten, so daß die erforderliche Entwicklungszeit beträchtlich verkürzt wird.

8.3.2 Die inkrementelle Methode

Die Alternative zur „Urknall"-Methode bei der Programmentwicklung ist die inkrementelle Methode, bei der Komponenten eines Systems mit den bereits getesteten Komponenten zusammengefügt werden. Das Produkt wird schrittweise aufgebaut, wodurch sich die Arbeit des Integrationstestens gleichmäßiger über die gesamte Implementierungsphase verteilt. Wenn man sich für inkrementelles Testen entschieden hat, steht der Tester vor der Notwendigkeit einer weiteren Entscheidung. Inkrementelles Testen kann auf zwei Arten durchgeführt werden, top-down und bottom-up.

8.3.2.1 Top-down-Integration

Bei der Top-down-Integration beginnt das Testen, wie der Name schon sagt, bei der obersten Stufe der modularen Hierarchie. Ein Modul kann nur dann in ein System integriert werden, wenn das Modul, von dem es aufgerufen wird, bereits erfolgreich integriert wurde. In bezug auf Abb. 5 heißt dies, daß zuerst M1 getestet würde. Danach könnten M2, M3 oder M4 integriert werden. Darüber hinaus bietet diese Methode oft den Vorteil, daß verschiedene Tester parallel verschiedene Module integrieren können. Ein Tester könnte also dazu eingesetzt werden, M1 und M2 zusammenzufügen, während ein anderer damit beschäftigt ist, M3 mit M1 zu integrieren. Hier zeigt sich auch, daß es möglich ist, zusammengehörige Ketten von Modulen zu integrieren. Man könnte z.B. die Hauptverarbeitungsschleife eines Programmes integrieren, bevor weniger entscheidende Module hinzugefügt werden. Bei dem obigen Beispiel würde dies heißen, daß die Module in der Reihenfolge M1, M3, M5 integriert würden. M2 und M4 könnten später hinzugefügt werden.

Bei der Top-down-Integration brauchen keine Treiber bereitgestellt zu werden, da jedes Modul, das integriert wird, von einem Modul aufgerufen wird, das bereits existiert und schon integriert wurde. Dagegen müssen für jedes Modul, das von dem zu integrierenden Modul aufgerufen wird, Stümpfe bereitgestellt werden. Bei unserem Beispiel würde also M1 Stümpfe erfordern, die die Funktionen von M2, M3 und M4 simulieren. Die Integration von M3 würde einen oder mehrere Stümpfe für M5 erfordern, und M4 würde Stümpfe für M6 und M7 erfordern. Selbstverständlich erfordern elementare Module (Module, die keine untergeordneten Module mehr aufrufen) keine Stümpfe.

Der Gebrauch der Bezeichnung „Stümpfe", um die Simulation der Antworten eines aufgerufenen Moduls zu beschreiben, ist vielleicht irreführend. Der Begriff suggeriert, daß eine einzige, minimale Antwort ausreicht. Wenn ein Test effektiv sein soll, muß ein Stumpf dem ihn aufrufenden Modul jedoch das gesamte Spektrum möglicher Antworten liefern können. Normalerweise wird dies innerhalb eines einzigen Stumpfes nicht möglich sein, da jeder Aufruf des untergeordneten Moduls nur eine Antwort an das übergeordnete Modul liefert. Wenn also in unserem Beispiel M3 das Modul M5 aufruft, um eine bestimmte Ein-/Ausgabe auszuführen, etwa eine sequentielle Read-Operation, müssen die Stümpfe für das E/A-Modul in der Lage sein, das Spektrum möglicher Antworten zu liefern, die das aufrufende Modul gemäß dem Programmentwurf verarbeiten kann. Um M3 zu integrieren, müssen deshalb Stümpfe entworfen werden, die zumindest erfolgreiche „read"- und „end of file"-Situationen simulieren. Wenn das System kompliziertere Error-trapping Prozeduren enthält, müssen auch diese von weiteren Stümpfen simuliert werden.

8.3.2.2 Bottom-up-Integration

Bei der Bottom-up-Integration beginnt der Tester mit den elementaren Modulen, also den Modulen, die keine untergeordneten Module mehr aufrufen. Er muß Treiber definieren, die die zu integrierenden Module mit dem Spektrum möglicher Eingabe-Typen versorgen. Anders als bei der Top-down-Integration, wo mehrere Stümpfe erforderlich sein können, um ein aufgerufenes Modul wirksam zu simulieren, ist es bei der Bottom-up-Integration normalerweise möglich, die Funktion des aufrufenden Moduls durch einen einzigen Treiber zu simulieren. Dieser Treiber könnte so geschrieben sein, daß er die erforderlichen Aufrufe des Moduls realisiert und für jeden Aufruf die entsprechenden Parameter liefert. In unserem Beispiel müssen Treiber für die Module M2, M5, M6, M7, M5 und M4 bereitgestellt werden. M1, der oberste Knoten der Hierarchie, erfordert keinen Treiber.

Ebenso wie die Top-down-Integration gestattet auch die Bottom-up-Methode die Integration kritischer Modulketten. Auf unser Beispiel bezogen wäre es also möglich, M5 und anschließend M3 zu integrieren.

8.4 Anwendung auf die Fallstudie

Alle Daten, die zu und von Modulen weitergeleitet werden, sind in der Phase des Systementwurfs festgelegt und definiert worden. Deshalb können wir alle uns interessierenden Daten leicht finden, wenn wir uns noch einmal der Phase des Entwurfstests zuwenden (s. Kapitel 5). Die Fallstudie ist so angelegt, daß der Integrationstest fast trivial ist. Es gibt ein „Menü"-Modul auf höherer Ebene, das — abhängig von der Menü-Auswahl — eines von neun untergeordneten Modulen aufruft. Zu den Modulen werden keine Daten geleitet, und es werden auch keine Daten von ihnen geliefert, so daß ihre Eingliederung in ein System keine Probleme in bezug auf eine Parameter-Übergabe aufwirft. Dennoch ist es wichtig, die Prinzipien aufzuzeigen.

Betrachten wir also Programm P1 der Fallstudie. Es umfaßt u.a. die Verarbeitung hinsichtlich „Überprüfe ob Film verfügbar". Es ist vorstellbar, daß diese Überprüfung von einem untergeordneten Modul, nennen wir es P-sub, ausgeführt werden könnte. P-sub akzeptiert eine Filmnummer als Eingabe und liefert die Zahl der verfügbaren Filme, die dieser Filmnummer entsprechen. Beim isolierten Testen von P-sub wurde – entweder interaktiv oder von einer Datei – eine Filmnummer eingegeben, und die Ergebnisse wurden entweder am Bildschirm oder in einer Datei beobachtet. Wir betrachten nun, wie P1 und P-sub mit Hilfe von Top-down- oder Bottom-up-Strategien integriert werden könnten.

8.4.1 Top-down-Integration

Top-down-Integration bedeutet, daß zuerst P1 in das System eingegliedert wird. Dies würde heißen, daß ein Stumpf geschrieben werden muß, der das Verhalten von P-sub simuliert. Dadurch sind wir in der Lage, die Wirkungsweise des neuen Moduls im System zu isolieren und alle Fehler, die als Konsequenz der Einführung dieses neuen Moduls auftreten, zu erkennen (und hoffentlich leicht zu finden und zu korrigieren).

Der Stumpf, der P-sub ersetzt, hat folgende Merkmale:

> Er muß in der Lage sein, eine Filmnummer in dem in P1 definierten Format zu akzeptieren, und er muß eine Integerzahl liefern, die der Zahl der Kopien entspricht, die für diese Filmnummer im Bestand vorhanden sind. Bei der Erstellung von Stümpfen muß darauf geachtet werden, sie so einfach wie möglich zu halten. In diesem Fall ist nicht erforderlich, daß P-sub die tatsächliche Zahl der Filme zurückgibt; eine Konstante reicht aus, da wir das Funktionieren der Schnittstelle und nicht das von P-sub überprüfen. Wenn P-sub also einen konstanten Wert liefert (oder vielleicht einen von zwei Werten, abhängig von einem groben Test der Filmnummer), läßt sich einfacher kontrollieren, ob die Schnittstelle funktioniert, da die erwarteten Werte bekannt sind. Eine an Pascal angelehnte Darstellung von P-sub könnte so aussehen:

```
procedure P-sub(filmnum : integer; var filmcnt:
    integer)
begin
  if filmnum > 1000 then
        filmcnt :=4
      else
        filmcnt := 3;
end;
```

Dadurch, daß zwei unterschiedliche Werte zurückgegeben werden können, vermindert sich das Risiko zufälliger Korrektheit (wenn z.B. der zweite Parameter im Aufruf von P-sub immer den Wert 4 hat, könnte vermutet werden, daß die Schnittstelle korrekt gearbeitet hat, auch wenn dies nicht der Fall war). Dennoch muß unbedingt darauf geachtet werden, daß die Routine so einfach wie möglich bleibt, und dies aus zwei Gründen. Erstens um die notwendige Arbeit zu reduzieren – Code erstellen zu müssen, der später nicht mehr gebraucht wird, kann ziemlich deprimierend sein. Zweitens um das Fehlerrisiko zu vermindern – wenn in den Integrationsstadien ein Fehler auftaucht, muß nämlich auch in Erwägung gezogen werden, daß ein Stumpf falsch sein könnte!

Nachdem das Modul P1 eingegliedert und getestet wurde, gehört zum Austesten der Schnittstelle noch das Ersetzen des Stumpfes durch das reale Modul P-sub.

8.4.2 Bottom-up-Integration

Bottom-up-Integration bedeutet, daß P-sub in das System eingegliedert und ein Treiber geschrieben wird, der die Aufrufe von P-sub durch das übergeordnete Modul P1 (das noch integriert werden muß) simuliert. Ein Treiber, der P1 repräsentiert, weist folgende Merkmale auf:

Er muß P-sub mit einer Filmnummer in dem vom System definierten Format aufrufen, und er muß gestatten, daß P-sub einen Wert zurückgibt, der der Zahl der Filme entspricht, die für diese Filmnummer verfügbar sind. Auch hier kommt es vor allem auf Einfachheit an; es wäre durchaus statthaft, einen Treiber zu schreiben, der eine konstante Filmnummer übergibt. Als Alternative könnte ein Treiber geschrieben werden, der ein wenig mehr Interaktion zuläßt. Eine mögliche Implementierung eines solchen Treibers in Pascal könnte so aussehen:

```
program P1-Treiber(input, output);
var
    filmnr, filmzahl : integer;
begin
    write('Bitte eine Filmnummer eingeben: ');
    readln(filmnr);
    P-sub(filmnr,filmzahl);
    writeln('Es gibt ',Filmzahl,' Filme');
    writeln('des Filmes Nummer ',Filmnr);
end.
```

Mit Hilfe dieses Treibers kann beim Integrationstest überprüft werden, ob die Schnittstelle von P-sub funktioniert. Ist dies der Fall, so kann der Treiber durch das reale Modul P1 ersetzt werden.

8.4.3 Zusammmenfassung

Obwohl es sich hier um recht einfache Beispiele handelt, verdeutlichen sie die beim Integrationstest geltenden Grundsätze. Konkrete Systeme werden wahrscheinlich mehr Information über ihre Schnittstellen leiten und eine tiefere Verschachtelung von Modulen aufweisen. Die Verschachtelung von Modulen kann das wichtigste Kriterium bei der Entscheidung für eine bestimmte Strategie sein. Wenn ein Modul beispielsweise ein Modul niedrigerer Ebene aufruft, welches wiederum ein Modul niedrigerer Ebene aufruft, welches wiederum... usw., bis ein Modul erreicht ist, das Information den gesamten Weg zurück zum ersten Modul reicht, so müßte eine große Zahl verschachtelter Stümpfe geschrieben werden, was ein stichhaltiges Argument für die Wahl eines Bottom-up-Ansatzes wäre. Ähnliche Argumente lassen sich für eine Entscheidung zugunsten der Top-down-Strategie finden.

8.5 Validierungs-, Akzeptanz- und Systemtest

Validierungstest, Akzeptanztest und Systemtest sind die letzten Stadien beim Testen von Software. Bisher war es meist so, daß sich die Arbeit des Testens auf diese Bereiche konzentriert hat; zugleich meinte man, hier Abstriche machen zu können, wenn man mit dem Zeitplan für die Projektentwicklung in Konflikt geriet. Bei der in diesem Buch beschriebenen Methode fällt der größtmögliche Teil der Testarbeit in die frühen Stadien der Programmentwicklung; dadurch wird der Zeitaufwand für Tests in den späten Stadien minimiert, wenn nicht gar zu einer Formalität reduziert, statt wie bisher so oft zu einer nervenaufreibenden Angelegenheit zu werden. Wer möchte schließlich in diesem Stadium noch einen Fehler im Programm finden? Welche Vorteile hätte es, jetzt noch feststellen zu müssen, daß eine Anforderung falsch interpretiert wurde?

Die von uns gewählte Methode kann zwar nicht garantieren, daß so etwas nicht vorkommt, sie reduziert aber die Wahrscheinlichkeit.

In den erwähnten letzten Stadien liegt das Testen meist nicht mehr in den Händen des Programmentwicklers. Es gibt deshalb nur wenige Methoden, auf die zurückgegriffen werden kann. Sehr wahrscheinlich hat jede Firma ihre eigenen Standards und Verfahren für Tests, die in diesen Stadien ausgeführt werden; auf diesen Punkt möchten wir nicht näher eingehen. Es ist jedoch notwendig, sich über den Zweck der Tests in diesen Stadien klar zu werden.

8.5.1 Validierungstest

Beim Validierungstest soll festgestellt werden, ob die Software-Funktionen mit den ursprünglichen Anforderungen übereinstimmen. Es ist der endgültige Black-Box-Test − die letzte Kontrolle, ob tatsächlich das richtige Produkt erstellt wurde. Entsprechende Testfälle zu konzipieren, ist trivial, da wir bereits einen Satz funktionaler Tests aus den Anforderungen entwickelt haben (siehe Kapitel 4); beim Validierungstest geht es lediglich darum, diese durch das fertiggestellte System ausführen zu lassen und die tatsächlichen mit den erwarteten Ergebnissen zu vergleichen.

8.5.2 Akzeptanztest

Oberster Richter darüber, ob wir das richtige System erstellt haben, ist der Anwender. Deshalb muß das System einem Akzeptanz-Test unterzogen werden, bei dem die Software vom Benutzer getestet wird. Abhängig vom Software-Typ kann dies auf zwei Arten geschehen. Wenn es nur einen oder sehr wenige Anwender gibt, heißt Akzeptanz-Test lediglich, dem Anwender die Software zu übergeben, damit er mit ihr experimentiert. Wenn es viele Anwender gibt oder wenn die Software ein Produkt ist, das vermarktet werden soll, ist solch eine Vorgehensweise nicht praktikabel. In diesem Fall wird der Akzeptanztest in Form eines Alpha- und eines Betatests durchgeführt, an denen einige kooperative Benutzer beteiligt sind. Der erste Test (alpha) wird in den Räumen des Entwicklers von einem oder mehreren Anwendern in Gegenwart des Entwicklers, der Beta-Test in den Räumen einiger Anwender ohne den Entwickler ausgeführt. Aufgrund der Abwesenheit des Entwicklers ist der Benutzer weniger gehemmt, so daß bei diesem Test mit größerer Wahrscheinlichkeit der tatsächliche Gebrauch des Systems nachgeahmt wird.

8.5.3 Systemtest

Der letzte Schritt besteht darin, die Software in der konkreten Umgebung, in der sie arbeiten soll, zu testen. Man muß sich dabei bewußt sein, daß viele Systeme auf anderen Maschinen als denen entwickelt werden, auf denen sie schließlich laufen. Ferner kann die Zahl der Benutzer sehr groß sein, oder gleichzeitig können noch andere Systeme laufen. Systemtesten konzentriert sich deshalb auf andere Bereiche als nur das Funktionieren des Systems. Beispielsweise wird beobachtet, welche Leistungen das System in seiner Ziel-Umgebung in bezug auf Geschwindigkeit, große Datenmengen, viele Benutzer, die alle mehrere Anforderungen haben, erbringt. Weitere wichtige Punkte sind, wie sicher das System ist und wie es einen Fehler behandelt, der mitten in der Verarbeitung entdeckt wird.

Kapitel 9
Testen in der operationalen Phase – Jetzt zahlt sich der Aufwand aus

9.1 Einleitung

In diesem Buch haben wir uns auf das Testen in der Phase der Software-Entwicklung konzentriert. Natürlich ist dies nur eine Phase im Lebenszyklus eines typischen Software-Produktes. Allerdings vertreten wir die These, daß das Testen in der Entwicklungsperiode den größten Gewinn bringt. Schließlich kann ein Fehler um so leichter (und billiger!) korrigiert werden, je eher er entdeckt wird. Wurde eine systematische Teststrategie, wie wir sie in den vorhergehenden Kapiteln beschrieben haben, befolgt, so zahlt sich dies in der operationalen Phase für den Software-Entwickler aus. Da bereits zu einem früheren Zeitpunkt mehr Fehler entdeckt und korrigiert worden sind, braucht die Software nur in geringerem Maße überarbeitet zu werden. Die Anwender werden größeres Vertrauen in die Software haben, da sie seltener versagt. Es wird mehr Zeit verfügbar sein, beispielsweise um Anwendungsrückstände aufzuarbeiten, da weniger Zeit mit dem Korrigieren von Fehlern verbracht werden muß, die durch ineffektives Testen unentdeckt geblieben sind.

9.2 Testen und konkrete Anwendung

Ein typisches Softwareprodukt kann in einigen Wochen oder Monaten entwickelt worden sein. Danach ist dieses Produkt wahrscheinlich mehrere Jahre in Gebrauch. Dieser operationale Einsatz wird üblicherweise als Wartungsperiode bezeichnet, denn es kommt selten vor, daß Software von nennenswertem Umfang während ihres Gebrauchs keinerlei Änderungen unterworfen ist.

Der Begriff „Wartung" kann allerdings irreführend sein. Wenn während des Einsatzes der Software ein Fehler entdeckt wird, muß dieser Fehler behoben und die Software wieder zu ihrer normalen Funktionsfähigkeit gebracht werden. Dies kann korrekterweise als Wartung betrachtet werden und wird deshalb im folgenden auch so bezeichnet. Fehler sind jedoch nicht der einzige Grund, Software zu ändern. Die Anforderungen des Anwenders können sich wandeln, so daß eine nachträgliche Modifikation der

Software erforderlich wird. Möglicherweise ziehen auch Gesetzesänderungen Modifikationen nach sich. Es können zusätzliche Fähigkeiten gewünscht werden, die eine Erweiterung des Systems erfordern. Diese und viele andere Umstände können Änderungen an der vorhandenen Software notwendig machen. Solche Änderungen sollten weniger als Wartung denn als *Evolution* betrachtet werden.

9.3 Testen evolutionärer Weiterentwicklungen

Bei der evolutionären Weiterentwicklung der Software muß sich der Entwickler in den Bahnen bewegen, die bereits durch die vorhergehenden Phasen vorgegeben sind. Änderungen oder Verbesserungen sollten nicht ohne vollständige Sondierung ihrer Konsequenzen erfolgen. Es mag zwar verlockend sein, auf schnelle Ergebnisse hinzuarbeiten und frühere Phasen des Entwicklungs-Lebenszyklus zu übergehen – so könnten etwa direkt auf der Programmebene durchgeführte Änderungen einer Anwenderanforderung in bezug auf schnelle Implementierung und geringeren Ressourceneinsatz kurzfristig attraktive Vorteile bieten. Längerfristig kann jedoch dadurch die Integrität des gesamten Systems gefährdet werden: Der Grund dafür liegt darin, daß in jeder Phase des Entwicklungsprozesses Dokumentationen erstellt wurden, die ein genaues Bild des Systems in der jeweiligen Phase wiedergeben. Jede dieser Beschreibungen fügt sich, soweit sie korrekt ausgeführt und getestet wurde, in die Kette der vorhergehenden oder nachfolgenden Phasen ein. Wird in einem solchen System lediglich die am Schluß dieser Kette stehende Codierung geändert, so geht dieser Zusammenhang an einem seiner kritischsten Punkte verloren. Software und Entwurf stimmen dann nicht mehr überein, und die Dokumentation führt nicht mehr zuverlässig durch das funktionierende System. Zukünftige Änderungen werden – insbesondere dann, wenn sie auf die frühere Entwurfsdokumentation Bezug nehmen – sogar noch erschwert, wenn das funktionierende System mit der Analyse und dem Entwurf, auf denen es basiert, in zunehmendem Maße nicht mehr in Einklang zu bringen ist.

Solche Überlegungen lassen das Testen evolutionärer Weiterentwicklungen komplizierter werden, als es zunächst den Anschein hat. Der Tester muß darauf gefaßt sein, daß auch scheinbar unproblematische Veränderungen erhebliche Auswirkungen auf andere Teile des Systems haben können. Er muß sich deshalb vergewissern, daß die Integrität des Systementwurfs nicht beeinträchtigt wurde. Modifikationen müssen über den gesamten Entwicklungsprozeß nachvollzogen werden, damit die Konsistenz in jedem Stadium gewährleistet bleibt. Kurz, der Tester muß kontrollieren, daß eine evolutionäre Entwicklung das gleiche Verfahren wie die ursprüngliche Entwicklung durchlaufen hat. Die in den vorherigen Kapiteln behandelten Testtechniken müssen also gegebenenfalls auch auf Programm-Weiterentwicklungen angewendet werden.

Selbstverständlich muß der Tester beim Überprüfen von Erweiterungen oder Verbesserungen eines Systems nachschauen, ob die gewünschte Modifikation oder zusätzliche Systemfunktion auch tatsächlich vorhanden ist. Zu diesem Zweck müssen neue Tests konzipiert werden, die die korrekte Implementierung von Änderungen oder Verbesserungen sicherstellen. Ebenso wichtig ist allerdings, zu überprüfen, ob die ursprünglich verlangten Funktionen weiterhin verfügbar sind. Dies bedeutet, daß der Tester bei allen Systemänderungen Regressionstests ausführen muß.

9.4 Regressionstest

Wurden die in den vorherigen Kapiteln behandelten Testverfahren angewendet, so ist während der Entwicklung eines Systems eine große Zahl von Testfällen definiert worden. Diese Testfälle sind nach einmaligem Gebrauch nicht etwa überflüssig. Sie bilden sowohl für die Evolution des Systems als auch für die Wartung eine wertvolle Testressource. Immer, wenn das System in irgendeiner Weise geändert wird, ist ein erneutes Testen des Systems unumgänglich. Nur so kann festgestellt werden, ob bei der Korrektur eines Fehlers oder der Eingliederung einer zusätzlichen Funktion neue Fehler eingebaut worden sind. Die Erfahrung zeigt, daß bei der Änderung bestehender Systeme Fehler mit größerer Wahrscheinlichkeit unterlaufen als bei der ursprünglichen Entwicklung. Bei der Korrektur eines Fehlers in einem System, das sich bereits im Einsatz befindet, steht der Software-Ingenieur oft unter Druck. Möglicherweise muß er strikte Zeitvorgaben einhalten. Unter solchen Bedingungen schleichen sich leicht Fehler ein. Ähnlichem Druck kann der Tester ausgesetzt sein. Wenn Entwickler und Tester ein und dieselbe Person sind, potenziert sich das Risiko. Außerdem hat jemand, der für die Modifikation eines Systems verantwortlich ist, möglicherweise viel weniger Erfahrung mit diesem System als der Entwickler, so daß er die Folgen einer bestimmten Änderung eventuell weniger gut einschätzen kann.

Da man nun aber davon ausgehen kann, daß nur eine beschränkte Zeit zur Verfügung steht, wäre es unrealistisch, anzunehmen, daß für jede Modifikation ein völlig neuer Satz von Testdaten bereitzustellen wäre, mit dem dann die Modifikation selbst wie auch ihre Auswirkungen auf das Programm getestet werden könnte. Regressionstests können normalerweise durch die Systemtestfälle, die bereits definiert wurden, abgedeckt werden. Es wäre aber auch unrealistisch, davon auszugehen, daß für jede Modifikation das gesamte Spektrum der Systemtests auszuführen wäre. Der Tester muß aus dem vorhandenen Vorrat nur jene Testfälle auswählen, die wahrscheinlich zum Aufdecken von Fehlern führen, d.h., solche Testfälle, die sich auf den Teil des Systems beziehen, der geändert wurde. Falls ein Systemteil geändert wurde, der, sagen wir, für die Schnittstellen zu anderen Systemteilen verantwortlich ist, muß die Schnittstelle selbst natürlich auch getestet werden, um sicherzugehen, daß in diesem Bereich keine neuen Probleme aufgetreten sind. Dies kann den Umfang der erforderlichen Tests erweitern. Aus der Menge der Systemtestfälle muß eine geeignete Untermenge ausgewählt und ausgeführt werden, damit gewährleistet ist, daß durch Änderungen oder Verbesserungen nicht die Funktionstüchtigkeit des Systems in irgendeiner Weise beeinträchtigt wurde.

Hier wird ersichtlich, daß es notwendig ist, alle Testfälle übersichtlich zu dokumentieren. Nur wenn ein Testfall gut dokumentiert ist, kann der Tester entscheiden, ob er ihn in einen bestimmten Regressionstest aufnimmt. Es ist unklug, sich in dieser Angelegenheit auf die Erfahrung des Testers zu verlassen. Ein Tester, der ein Softwareprodukt bereits getestet hat, verläßt sich möglicherweise auf seine während des vorherigen Testprozesses gewonnenen Erfahrungen. Dies ist gefährlich, weil wir gerade darum bemüht sind, alle Mutmaßungen zu eliminieren.

Der Vorrat an Systemtestdaten, die für Regressionstests benutzt werden können, entwickelt sich gleichzeitig mit dem System. Jedes Mal, wenn ein Fehler entdeckt oder eine Änderung vorgenommen wird, werden neue Testdaten definiert. Diese Testdaten werden dann dem Vorrat für die Regressionstests hinzugefügt, denn es ist schließlich sicherzustellen, daß das Ergebnis einer Systemänderung nicht durch nachfolgende Änderungen wieder aufgehoben wird.

9.5 Wartung und Testen

Wie bereits mehrmals erwähnt, läßt sich von praktisch keinem wichtigen Softwareprodukt behaupten, es sei fehlerfrei. Tatsächlich ist die einzige Vermutung, die mit Sicherheit zutrifft, die, daß jedes Programm Fehler aufweist, die noch gefunden werden müssen. Selbst wenn bei der Entwicklung alle in diesem Buch behandelten Methoden angewendet werden, ist nicht gewährleistet, daß keine Fehler mehr vorhanden sind; unsere Tests haben ganz einfach beim Auffinden der noch verbleibenden Fehler versagt! Während der konkreten Anwendung über Zeiträume von Monaten oder Jahren werden wahrscheinlich aufgrund neuer Datenkombinationen bestimmte Code-Pfad/Kombinationen zum ersten Mal ausgeführt. Dies sind die Umstände, unter denen dann Fehler ans Licht kommen. Einmal entdeckt, werden diese Fehler korrigiert, und der Tester muß die Korrektur testen. Testdaten sollten so definiert werden, daß mit ihrer Hilfe die ursprüngliche Fehlersituation rekonstruiert wird. Um dabei erfolgreich vorgehen zu können, muß der Tester die Ursachen des Fehlers vollständig analysieren und begreifen. Eine nachlässige Fehlerkorrektur veranlaßt den Entwickler dazu, lediglich die Symptome zu kurieren, ohne die Ursachen zu beheben. Der gleiche Fehler darf nicht dem Tester unterlaufen.

Nachdem sich der Tester davon überzeugt hat, daß die Ursache des Fehlers beseitigt wurde, müssen die entsprechenden Systembereiche Regressionstests unterzogen werden, um festzustellen, ob die Korrektur des ursprünglichen Fehlers keine neuen Fehler nach sich gezogen hat. In manchen Fällen kann ein Fehler tatsächlich verhindern, daß sich ein zweiter Fehler bemerkbar macht. Erst wenn der erste Fehler korrigiert wurde, tritt der zweite in Erscheinung.

9.6 Wartung und Qualität – Fehlerrückverfolgung

Qualität ist der in Kapitel 2 zitierten Definition entsprechend die Übereinstimmung mit den Anforderungen. Jeder Anwender verlangt ein System, das so funktioniert, wie es in der Spezifikation festgelegt wurde. Ein Fehler zeigt demnach deutlich die mangelhafte Übereinstimmung mit den Anforderungen des Anwenders und muß als Zeichen schlechter Qualität betrachtet werden. Positiv gesehen beinhaltet das Entdecken eines Fehlers zugleich eine Gelegenheit, die Qualität eines Software-Produktes zu verbessern. Wenn wir lediglich den Fehler beheben und sein Vorkommen als einen Akt des bösen Schicksals abtun, verpassen wir diese Chance.

Fehler sind weder Naturphänomene, noch schleichen sie sich von allein in sonst perfekte Software ein. Jeder Fehler, der sich in einem System befindet, ist unmittelbares Ergebnis der Tätigkeit des Systementwicklers. Zu erkennen, wie Fehler in ein System gelangt sind, ist ein wichtiger Schritt auf dem Weg zur Fehlervermeidung, einem wichtigen Ziel aller Software-Ingenieure. Das Vorhandensein eines Fehlers bietet dem Tester die Möglichkeit, genau zu untersuchen, wie dieser Fehler zustande kam. Diese Aufgabe ist unter der Bezeichnung Fehlerrückverfolgung bekannt. Wenn es gelingt, zu entdecken, warum ein bestimmter Fehler Eingang in ein System gefunden hat, ist es möglich, Fehler des gleichen Typs in Zukunft zu vermeiden. So können etwa Verfahrensweisen so geändert werden, daß in zukünftigen Entwicklungen an früherer Stelle im

Lebenszyklus Kontrollen enthalten sind, die das erneute Einführen von Fehlern eines bestimmten Typs verhindern.

Wenn festgestellt wird, daß die Fehlerursache eine − sich als falsch erwiesene − Vermutung oder ein fehlerbehaftetes Verfahren ist, werden eventuell weitere Untersuchungen erforderlich. Wurde die gleiche Vermutung auch in bezug auf andere Teile des Systems ungeprüft übernommen? Wurde das fehlerbehaftete Verfahren auch bei anderen Systemteilen angewandt? Ist eine dieser Fragen mit „Ja" zu beantworten, so besteht die Gelegenheit, das Vorhandensein ähnlicher Fehler in anderen Teilen des Systems durch Tests zu überprüfen. Falls solche Fehler entdeckt werden, kann der Entwickler vorbeugende, die Qualität des Produktes steigernde Wartungsmaßnahmen durchführen.

Das Entdecken eines Fehlers kann noch einen weiteren positiven Nebeneffekt haben. Jeder Fehler, der beim konkreten Einsatz eines Systems auftritt, sollte als Vorwurf gegen die bisherigen Testverfahren für dieses System verstanden werden. Gleichzeitig bietet er uns die Gelegenheit, unsere Testtechniken zu verbessern. Was hatte es mit einem bestimmten Fehler, der uns entgangen ist, auf sich? Wenn wir wissen, wann dieser Fehler aufgetaucht ist, können wir feststellen, wann er eigentlich hätte entdeckt werden müssen. Wir können dann unsere Testverfahren ändern, um sicherzustellen, daß Fehler des gleichen Typs möglichst nah an ihrem Ursprung entdeckt werden. Wenn sich herausstellt, daß unsere Testverfahren mangelhaft waren, müssen wir herausfinden, ob die gleichen Verfahren beim Testen anderer Systemteile angewendet wurden. Mit Hilfe korrigierter Verfahren und gegebenenfalls erneutem Testen entdecken wir weitere Fehler möglicherweise sofort.

Anhang: Fallstudie

Wichtig: Diese Fallstudie soll als Beispiel für ein beliebig entworfenes System dienen; sie sollte also keinesfalls als ein Modell des Software Engineering verstanden werden!

Beschreibung der Fallstudie

Eine Videothek hat ein System in Auftrag gegeben, das den Verleih der Videobänder verwalten soll. Erste Gespräche mit dem Inhaber haben folgende Anforderungen ergeben:

Das System muß den Verleih von Videobändern und die Verwaltung des Video-Mitgliedsclubs abwickeln. Zum gegenwärtigen Zeitpunkt existieren gut 3000 Bänder, darunter mehrere Duplikate. Jeder Film ist mit einer gesonderten Signatur gekennzeichnet, die bei der Neuanschaffung vergeben wurde. Jedes Clubmitglied hat eine gesonderte Mitgliedsnummer. Der Mitgliedsbeitrag beträgt gegenwärtig das gleiche wie die Ausleihgebühren für zwei Filme. Die Mitgliedschaft wird jeweils nach Ablauf eines Jahres verlängert. Die festgehaltenen Mitgliedsdaten umfassen Name, Adresse und Telefonnummer und das Datum des Ablaufs der Mitgliedschaft. Mit Hilfe des Systems müssen Aus- und Rückgabe der Filme verbucht werden, die Rückgabetermine müssen bekannt sein, und für jeden Film muß der jeweilige Ausleiher ermittelt werden können. Eine weitere Anforderung lautet, daß feststellbar sein muß, ob ein Film im Magazin oder ausgeliehen ist. Bei der Filmrückgabe muß das System dem Benutzer mitteilen, ob die Leihfrist überschritten wurde, da in diesem Fall eine Säumnisgebühr fällig wird. Es muß die Benutzer benachrichtigen, deren Mitgliedskarte abgelaufen ist. Außerdem muß das System Listen aller zu einem bestimmten Zeitpunkt vorhandenen Filme, aller überfälligen Filme und aller Mitglieder erstellen können. Es muß Mitgliedern, die ihre Filme trotz Fristablauf nicht zurückgegeben haben oder deren Mitgliedschaft zu verlängern ist, Erinnerungen zusenden können. Das System soll auf einem Einzelplatz-Mikrocomputer mit einer 20-Mb-Festplatte laufen.

Formalisierte Neuformulierung der Anforderungen

1.1	Alle Filme sind mit einer gesonderten Signatur zu versehen.
1.2	Es existieren mehrere Kopien von Filmen.
1.3	Das System muß über 3000 Videobänder verwalten können.
2.1	Die Mitgliedschaft erlischt ein Jahr nach Beitritt/Verlängerung. Eine Mitgliedschaft ist abgelaufen, wenn das aktuelle Datum später als das oder gleich dem Ablaufdatum ist.
2.2	Jedes Mitglied hat eine gesonderte Mitgliedsnummer.
2.3	Folgende Daten über die Mitgliedschaft werden festgehalten:
2.3.1	Name
2.3.2	Mitgliedsnummer
2.3.3	Adresse
2.3.4	Telefonnummer
2.3.5	Ablaufdatum der Mitgliedschaft.
2.4	Das System gestattet es nicht, Filme an Mitglieder auszuleihen, deren Mitgliedschaft abgelaufen ist.
3.1	Ausleihe und Rückgabe der Filme:
3.1.1	Wenn ein Film für die Ausleihe verfügbar ist, kann er an einen Kunden ausgeliehen werden.
3.1.1.1	Ein Film ist so lange für die Ausleihe verfügbar, bis alle Kopien gleichzeitig ausgeliehen sind.
3.1.2	Wenn ein Film nicht für die Ausleihe verfügbar war, macht die Rückgabe einer Kopie ihn verfügbar.
3.1.3	Das Rückgabedatum wird bei der Ausleihe festgelegt und muß bei der Rückgabe angezeigt werden.
3.1.4	Für den Fall einer Abfrage in bezug auf einen verliehenen Film muß es möglich sein, den momentanen Benutzer zu ermitteln.
3.1.5	Durch eine Abfrage in bezug auf ein Mitglied ist feststellbar, welche Filme das Mitglied zu diesem Zeitpunkt ausgeliehen hat.
3.1.6	Das System muß den Benutzer informieren, wenn dieser einen Film nach Ablauf der Ausleihfrist zurückgibt.
3.1.7	An ein Mitglied dürfen höchstens 5 Filme gleichzeitig ausgeliehen werden.
4.1	Das System muß allgemeine Verwaltungsaufgaben erfüllen:
4.1.1	Liste der Titel aller zu einem bestimmten Zeitpunkt vorhanden Filme.
4.1.2	Durch eine Abfrage in bezug auf einen Film läßt sich feststellen, wie viele Kopien vorhanden und wie viele davon verfügbar sind.

4.1.3   Erinnerungen an alle Mitglieder, deren Mitgliedschaft im Folgemonat abläuft.
4.1.4   Erinnerungen an Mitglieder, die den Abgabetermin um 5 Tage überschritten haben.
4.1.5   Änderung von Mitgliedschafts-Daten – Hinzufügen/ Streichen von Mitgliedern.
4.1.6   Änderung von Filmlisten – Hinzufügen/Streichen von Titeln.
5.1   Das System läuft auf einem Einzelplatz-Mikrocomputer mit einer 20MB-Festplatte.

Systementwurf

Um eine gewisse Allgemeingültigkeit zu erreichen, sind wir hier nicht nach einer bestimmten Methode vorgegangen. Statt einer wohlformulierten Technik befolgen wir nur einige Richtlinien für den Entwurf von Systemen:

   Definieren der Ausgaben
   Definieren der Eingaben
   Definieren der Dateien/Datenbank
   Definieren der Programmlogik
   Definieren der Modulspezifikationen

Wir haben dieses Verfahren gewählt, weil es ziemlich transparent ist. Damit ist gemeint, daß der Zweck jedes Entwurfsschrittes deutlich ist (es ist klar, in welcher Weise er zum endgültigen Systementwurf beiträgt). Auf diese Weise wollten wir vermeiden, daß die anwendbaren Testverfahren durch die Komplexität des Entwurfsprozesses zu unübersichtlich werden. So kann der Leser die Grundsätze für das Testen von Systementwürfen eher begreifen und auf seinen eigenen Bereich anwenden.

Definition der Ausgaben

Die Ausgaben (zu denen Systemtransformationen oder Aktionen oder Wirkungen gehören) sind nachstehend zusammen mit einem Verweis auf die Anforderung(en), auf die sie sich beziehen, aufgelistet.

   1. „Mitgliedschaft abgelaufen – Keine Filme ausgeliehen"   (2.4)
   2. „Film nicht verfügbar"   (3.1.1)
   3. Rückgabedatum   (3.1.3)
   4. Kundendaten   (3.1.4)
   5. Filmdaten (Signatur und Titel)   (3.1.5)
   6. „Film überfällig"   (3.1.6)
   7. „Filmhöchstzahl ausgeliehen"   (3.1.7)
   8. Liste aller Filme   (4.1.1)

9. Vorhandene Kopien (4.1.2)
10. Verfügbare Kopien (4.1.2)
11. Mitgliedschafts-Erinnerung (4.1.3)
12. Filmrückgabe-Erinnerung (4.1.4)
13. Aktualisierte Mitgliedsdaten (4.1.5)
14. Aktualisierte Filmdaten (4.1.6)

Definition der Eingaben

Die Eingaben (zu denen Stimuli oder Ursachen gehören) sind nachstehend zusammen mit einem Verweis auf die Anforderung(en), auf die sie sich beziehen, aufgelistet.

1. Mitgliedsnummer (3.1.1, 3.1.5, 2.4, 3.1.2, 3.1.6)
2. Filmnummer (3.1.1, 3.1.4, 2.4, 3.1.2, 3.1.6, 4.1.2)
3. Rückgabedatum (3.1.3)
4. Anforderung einer Filmliste (4.1.1)
5. Anforderung, Mitgliedschaftserinnerungen zu erstellen (4.1.3)
6. Anforderung, Filmrückgabe-Erinnerungen zu erstellen (4.1.4)
7. Anforderung, Mitgliedsdaten zu aktualisieren (4.1.5)
8. Mitgliedsdaten (4.1.5)
9. Anforderung, Filmdaten zu aktualisieren (4.1.6)
10. Filmlisten-Aktualisierungs-Daten (4.1.6)
11. Filmausleih-Aufforderung (3.1.1)
12. Filmrückgabe-Aufforderung (3.1.2)
13. Anforderung einer Filmabfrage (3.1.4)
14. Anforderung einer Kundenabfrage (3.1.5)

Dateidefinitionen

Mitgliederdatei
    Name
    Mitgliedsnummer
    Adresse
    Telefonnummer
    Erinnerungs-Flag
    Ablaufdatum

Filmdatei
    Filmnummer
    Titel
    Vorhandene Kopien
    Verfügbare Kopien

Datei Ausleihende Mitglieder
    Mitgliedsnummer, Filmzahl
    [Filmnummer, Rückgabedatum]...

Datei Ausgeliehene Filme
　　Filmnummer
　　Mitgliedsnummer
　　Rückgabedatum

Programmlogik

Dieser Abschnitt dient dazu, Ein- und Ausgaben miteinander zu verbinden (eine detailliertere Beschreibung der Verarbeitung erfolgt in einem späteren Stadium):

```
Eingaben----Verarbeitung, Ifs usw.-----Ausgaben,    Datei-Aktualisierungen
Filmausleihaufforderung      Dekrementiere          Verbinde Film
Mitgliedsnummer---------------------------------    und Kunde
Filmnummer       |      Verfügbare Filme
Rückgabedatum    |
                 |-Heutiges Datum>Ablaufdatum--------"Mitgliedschaft
                                                     abgelaufen - Keine
                                                     Filme ausgeliehen"

                 |-Keine Filme im Bestand------------Film nicht verfügbar"
                 |-Ausgeliehene Filme = 5 -----------"Höchstanzahl Filme
                                                     ausgeliehen"


                        Inkrementiere               Verbindung Film-Kunde
Filmrückgabe-Aufforderung ----------------------    aufgehoben
Filmnummer       |      Verfügbare Filme            Rückgabedatum
                 |-Heutiges Datum>Rückgabedatum------"Film überfällig"


Filmabfrage-Anforderung -------------------------   Filmdaten
Filmnummer                                          Vorhandene Kopien
                                                    Verfügbare Kopien
                                                    Derzeitige(r) Ausleiher
                                                    und Rückgabedaten

Kundenabfrage-Anforderung -----------------------   Daten zu ausgeliehenen
                                                    Filmen

Mitgliedsnummer                                     Rückgabedatum
Filmlisten-Anforderung --------------------------   Liste aller Filme

Anforderung: Erstelle       Falls Mitgliedschaft
Mitgliedschaftserinnerungen ---------------------   Mitgliedschafts-
                            innerhalb von 30 Tagen  erinnerung
                            ausläuft
```

Anforderung: Erstelle   Falls Filmausleihfrist
Filmrückgabeerinnerungen ------------------------ Filmrückgabe-
                            um >4 Tage überschritten erinnerung

Anforderung: Aktualisiere   Aktualisierte
Mitgliedsdaten   ------------------------ Mitgliedsdaten
Anforderung: Aktualisiere   Aktualisierte
Filmdaten   ------------------------ Filmdaten

Definition der Spezifikationen

Jede der Spezifikationen korrespondiert mit einer der neun obigen Transformationen (im folgenden mit P1 bis P9 bezeichnet). Das System braucht außerdem ein Steuerprogramm (einen Menü-Handler, der die Bezeichnung M1 trägt).

Die Spezifikation hat das generelle Format:

    Eingabe:
        Definition der dem Modul übergebenen Parameter
    Verarbeitung:
        Notwendig, um Eingaben in Ausgaben umzuwandeln
    Ausgabe:
        Ergebnisse oder Wirkungen des Moduls

M1 *Eingabe:*
        Option n (1-9) oder X
    Verarbeitung:
        Validiere n
        Transferiere nach Pn
        oder exit if n=X
    Ausgabe:
        Ungültige Option

P1 *Eingabe:*
        Mitgliedsnummer
        Filmnummer
        Rückgabedatum
    Verarbeitung:
        Überprüfe Mitgliedsnummer auf Gültigkeit und Ablaufdatum
        Überprüfe Zahl der ausgeliehenen Filme
        Überprüfe ob Film verfügbar
        Wenn Zahl der verfügbaren Filme > 0
            Dekrementiere Zahl der verfügbaren Filme

Stelle Verbindung zwischen Mitglied und Film her
in den Dateien „Ausleihende Mitglieder" und
„Ausgeliehene Filme"

Ausgabe:
„Mitgliedschaft abgelaufen — Keine Filme verliehen„
„Film nicht verfügbar"
„Höchstzahl an Filmen ausgeliehen"

P2   *Eingabe:*
Filmnummer
Verarbeitung:
Hebe Verbindung zwischen Mitglied und Film auf
Inkrementiere Zahl der verfügbaren Filme
Status: = verfügbar
Überprüfe, ob heutiges Datum > Rückgabedatum
    und erstelle Fälligkeitsnachricht
Ausgabe:
„Film überfällig"

P3   *Eingabe:*
Filmnummer
Verarbeitung:
Durchsuche Filmdatei
Durchsuche Datei „Ausgeliehene Filme"
Ausgabe:
Filmtitel, Vorhandene Kopien, Verfügbare Kopien,
Mitgliedsdaten über Ausleiher, Rückgabedaten

P4   *Eingabe:*
Mitgliedsnummer
Verarbeitung:
Durchsuche Datei „Ausleihende Mitglieder"
Ausgabe:
Daten über verliehene Filme
Rückgabedaten

P5   *Eingabe:*
—
Verarbeitung:
Sequentielle Verarbeitung Filmdatei
Ausgabe:
Daten aller Filme

P6   *Eingabe:*
—
Verarbeitung:
Durchsuche Mitgliederdatei nach Mitgliedschaften,

die in den nächsten 30 Tagen auslaufen
Erinnerungs-Flag ist nicht gesetzt.
Setze Erinnerungs-Flag.
Ausgabe:
Mitgliedschafts-Erinnerungsliste

P7 *Eingabe:*
—

Verarbeitung:
Durchsuche Datei „Ausleihende Mitglieder" nach Filmen, deren Rückgabefrist seit > 5 Tagen abgelaufen ist
Ausgabe:
Erinnerung, daß Filmausleihfrist überzogen ist

P8 *Eingabe:*
Mitgliedsdaten
Verarbeitung:
Prüfe, ob Mitglied existiert (aktualisieren oder neu aufnehmen)
Validiere Eingabe
Ausgabe:
Aktualisierte Mitgliederdatei

P9 *Eingabe:*
Filmdaten
Verarbeitung:
Überprüfe, ob Film existiert
Validiere Eingabe
Ausgabe:
Aktualisierte Filmdatei

Literatur

Abrial, J.R.
„The Specification Language Z: Basic Library", Internal Report, Programming Research Group, Oxford, 1982.

Adrion, W.R., Branstad, M.A., und Cherniavsky, J.C.
„Validation, Verification and Testing of Computer Software", ACM Computing Surveys, 14 (2), 159 – 192, Juni 1982.

Bauer, J.A., und Finger, A.B.
„Test Plan Generation Using Formal Grammars", Proc. 4th. Int. Conf. Software Engineering, München, 1979, 425 – 432, IEEE.

Bouge, L., Choquet, N., Fribourg, L., und Gaudel, M-C.
„Test Set Generation from Algebraic Specifications Using Logic Programming", Journal of Systems and Software. Bd. 6, 343 – 360, 1986.

Brown, J.R., und Lipow, M.
„Testing for Software Reliability", Proc. Int. Conf. on Reliable Software, Los Angeles, CA. USA, April 1975.

Budd, T.A., und Gopal, A.S.
„Program Testing by Specification Mutation", Computer Languages, 10 (1), 63 – 73, 1985.

Burgess, R.S.
An Introduction to Program Design Using JSP, Hutchinson, 1984.

CCTA (Central Computer and Telecommunications Agency)
Guide Nr. 9, Program Validation, HMSO, 1976.

Clarke, L.A., und Richardson, D.J.
„A Rigorous Approach to Error-Sensitive Testing", Proc. 16th Annual Hawaii Int. Conf. on System Sciences, 197 – 206, 1983.

Clarke, L.A., Podgurski, A., Richardson, D.J., und Zeil, S.J.
„A Comparison of Data Flow Path Selection Criteria", Proc. 8th Int. Conf. Software Engineering, 28. – 30. August, 1985, 244-251, IEEE, London, 1985.

Clarke, R.T., und Prins, C.A.
Contemporary Systems Analysis and Design, Wadsworth International, 1986.

Crosby, P.
Quality is Free, McGraw-Hill, 1979. Deutsch: Qualität bringt Gewinn. McGraw-Hill, 1986.

Cougar, J.D., und Zawacki, R.A.
Motivating and Managing Computer Personnel, Wiley, 1980.

Duncan, A.G.
„Test Grammars: A Method for Generating Program Test Data", Digest for the Workshop on Software Testing and Test Documentation, 270 – 283, Fort Lauderdale, Fla, IEEE, 1978.

Duncan, A.G., und Hutchinson, J.S.
„Using Attributed Grammars to Test Designs and Implementations", Proc. 5th. Int. Conf. Software Engineering, 170 – 177, 9. – 12. März 1981, San Diego, CA., IEEE.

Elmendorf, W.R.
„Cause Effect Graphs in Functional Testing", IBM Technical Report TR.00.2487., IBM Dev. Div. Poughkeepsie, N.Y. 1973.

Foster, K.A.
„Error Sensitive Test Cases", Digest for the Workshop on Software Testing and Test Documentation, 206 – 225, Fort Lauderdale, Fla, IEEE, 1978.

Foster, K.A.
„Revison of an Error Sensitive Rule", ACM Sigsoft Software Engineering Notes, 10 (1), 62 – 67, Januar 1985.

Gannon, J.D., McMullin, P., und Hamlet, R.
„Data Abstraction, Implementation, Specification and Testing", ACM Trans. on Programming Languages and Systems, 3 (3), 211 – 223, Juli 1981.

Gerhard, S.L.
„Formal Validation of a Simple Database Application", Proc. 16th Annual Hawaii Int. Conf. on System Sciences, 102 – 111, 1983.

Girgis, M.R., und Woodward, M.R.
„An Integrated System for Program Testing Using Weak Mutation and Data Flow Analysis", Proc. 8th Int. Conf. Software Engineering, 313 – 319, 28. – 30. August, London, IEEE, 1983.

Glass, R.L.
Software Reliability Guidebook, Prentice-Hall, New Yersey, 1979.

Hedley, D., und Hennell, M.A.
„The Causes and Effects of Infeasible Paths in Computer Programs", Proc. 8th Int. Conf. Software Engineering, 28. – 30. August, London, 259 – 266, IEEE, 1985.

Hennell, M.A., Hedley, D., und Riddle, I.J.
„Assessing a Class of Software Tools", Proc. 7th Int. Conf. Software Engineering, 26. – 29. März, Orlando, FLA., 266 – 277, 1984.

Howden, W.E.
„Reliability of the Path Analysis Testing Strategy", IEEE Trans. Software Engineering, SE-2 (3), 208 – 214, September 1976.

Howden, W.E.
„A Functional Approach to Program Testing and Analysis", IEEE Trans. Software Engineering, SE-12 (10), 997 – 1005, 1986.

Howden, W.E.
„Functional Testing and Design Abstractions", Jnl. of Systems and Software, 1, 307 – 313, 1980.

Howden, W.E.
„The Theory and Practice of Functional Testing", IEEE Software, 2 (5), 6 – 17, September 1985.

Howden, W.E.
„Completeness Criteria for Testing Elementary Program Functions", Proc. 5th Int. Conf. Software Engineering, San Diego, CA., 235 – 243, IEEE, 9. – 12. März 1981.

Huang, J.C.
„An Approach to Program Testing", Computing Surveys, 7 (3), September 1975.

Hurley, R.B.
Decision Tables in Software Engineering, Van Nostrand Reinhold, 1983.

Jackson, M.A.
Principles of Program Design, Academic Press, 1975. Deutsch: Grundlagen des Programmentwurfs, Toeche-Mittler, 1986.

Jackson, M.A.
System Development, Academic Press, London, 1983.

Jones, C.B.
Systematic Software Development Using VDM, Prentice-Hall International, London, 1986.

Laski, J.W., und Korel, B.
„A Data Flow Oriented Program Testing Strategy", IEEE Trans. Software Engineering, SE-9 (3), 347 – 354, 1983.

McCabe, T.J.
„A Complexity Measure", IEEE Trans. Software Engineering, SE-2 (4), Dezember 1976.

Myers, G.J.
Composite/Structured Design, Van Nostrand Reinhold, New York, 1978.

Myers, G.J.
The Art of Software Testing, Wiley – Interscience, Chichester, 1979. – Deutsch: Methodisches Testen von Programmen, Oldenbourg 1989.

Paige, M.R.
„An Analytical Approach to Software Testing", Compsac '78, 527 – 532, Chicago, 13. – 16. November 1978.

Paige, M.R., und Holthouse, M.A.
„On Sizing Software Testing for Structured Programs", Proc. Int. Symposium of Fault Tolerant Computing, 212, 1977.

Prather, R.E.
„Theory of Program Testing – An Overview", The Bell System Technical Journal, 62 (10)ii, Dezember 1983.

Probert, R.L., Skuce, D.R., und Ural, H.
„Specification of Representative Test Cases", Proc. 16th Annual Hawaii Int. Conf. on System Sciences, 190-196, 1983.

Probert, R.L., und Ural, H.
„High-Level Testing and Example-Directed Development of Software Specifications", Jnl. of Systems and Software, 4 (4), 317 – 325, November 1984.

Rapps, S., und Weyuker, E.J.
„Selecting Software Test Data Using Data Flow Information", IEEE Trans. Software Engineering, SE-11 (12), 1477 – 1490.

Redwine, S.T.
„An Engineering Approach to Software Test Data Design", IEEE Trans. Software Engineering, SE-9 (2), 191 – 200, März 1983.

Richardson, D.J., und Clarke, L.A.
„A Partition Analysis Method to Increase Program Reliability", Proc. 5th Int. Conf. Software Engineering, 244 – 253, San Diego, CA., 1981, IEEE.

Roper, M., und Smith, P.
„A Structural Testing Method for JSP Designed Programs", Software – Practice and Experience, 17 (2), 135 – 157, Februar 1987.

Roper, R.M.F., und Smith, P.
„A Specification-Based Functional Testing Method for JSP Designed Programs", Information and Software Technology, 30 (2), 89 – 98, März 1988.

Veloso, P.A.S., de Castilho, J.M.V., und Fustado, A.L.
„Systematic Derivation of Complementary Specifications", Proc. 6th Int. Conf. Very Large Databases, 409 – 421, Montreal, 1981.

Weinberg, G.M.
The Psychology of Computer Programming, Van Nostrand Reinhold, New York, 1971.

White, L.J.
„Basic Mathematical Definitions and Results in Testing", in: Chandrasekaran, B., und Radicchi, S. (Hrsg.), Computer Program Testing, North-Holland, 1981.

White, L.J.
„Domain Testing and Several Outstanding Problems in Program Testing", INFOR (Kanada), 23 (1), 52 – 68, Februar 1985.

White, L.J., und Cohen, E.I.
„A Domain Strategy for Computer Program Testing", IEEE Trans. Software Engineering, SE-6 (3), Mai 1980.

Woodward, M.R., Hedley, D., und Hennell, M.A.
„Experience with Path Analysis and Testing of Programs", IEEE Trans. Software Engineering, SE-6 (3), Mai 1980.

Register

Abdeckung von Mehrfachbedingungen 73
Abstraktionsniveau 39
Akzeptanztest 97-99
Anforderungen neu formulieren 31
Anweisungsüberdeckung 73
Anwendungsbereich 23
Ausdruck, arithmetischer 55, 57
Ausdruck, boolescher 55, 59

Beschreibung, unfertige 23
Bottom-up-Integration 94, 96

Datenflußanalyse, dynamische 84
Datenspeicherung 54, 56
Datenspeicherungs-Funktion 54
Datenzugriff 54, 56
Datenzugriffs-Funktion 54
Definieren von Tests anhand der ~ Modulspezifikation 55
Definition der Ablauflogik 44
Definition der Ausgaben 42
Definition der Dateien oder Datenbasis 44
Definition der Eingaben 42
Definition der Einzelspezifikationen 45
Dynamische Datenflußanalyse 84

Entscheidungstabellen 46-48
Entwerfen der Testfälle 35
Entwurfsprozeß 41

Fehlerrückverfolgung 105
Fehlerverfolgung 15
Funktionstest 51-69

Inkonsistenz, externe 25
Inkonsistenz, innere 25
Inkonsistenz, zirkuläre 25

inkrementelle Methode 92
Integrations-Test 89-90

Konsistenz 24

Linear Code Sequence and Jump 86

Mehrdeutigkeiten 53
Modulspezifikation 45
Modulspezifikationen neu formulieren 53

Operand, boolescher 55
Operator, boolescher 55

Qualitätsrunden 14
Qualitätsziele 13

Regressionstest 103
Reviews 20-21

Stümpfe 90-93
Systemtest 97-98

Terminologie 25
Testen des Systementwurfs 42
Top-down-Integration 93, 95
Treiber 90-93

Unvollständigkeit, äußere 24
Unvollständigkeit, innere 23
Urknall-Methode 90, 92

Validierungstest 97-99
Vergleich, arithmetischer 55, 58
Versäumnisse 24
Vollständigkeit 22
Walkthroughs 26-27

Zweigüberdeckung 73, 78